THEY ASK, YOU ANSWER

A REVOLUTIONARY APPROACH TO INBOUND SALES, CONTENT MARKETING, AND TODAY'S DIGITAL CONSUMER

世界一シンプルな増客マシーンの作り方

普段のシゴトをしているだけで勝手に顧客がやってくる!

マーカス・シェリダン 著

神田昌典 日本語版監修

齋藤慎子 訳

実業之日本社

They Ask, You Answer : A Revolutionary Approach to Inbound Sales,
Content Marketing, and Today's Digital Consumer by Marcus Sheridan

Japanese translation rights arranged with JOHN WILEY & SONS INTERNATIONAL RIGHTS, INC.
through Japan UNI Agency, Inc., Tokyo.

日本語版監修者まえがき

普段の仕事からはじめられる、究極のデジタル集客術

神田昌典

普段の仕事からはじめられる、究極のデジタル集客術

本書『世界一シンプルな増客マシーンの作り方』で公開されているノウハウの、何が画期的なのか、ズバリお伝えしよう。

このノウハウの違いは――、

特別な知識やスキルを身につけなくていいという点にある。普段の仕事を、ほんのちょっと工夫をしながら取り組むだけ。すると、どんなビジネスでも、あなたにぴったりの顧客が、広告せずとも自然に集まるようになる。しかも最新デジタルマーケティングを導入する基盤ができるから、あなたの会社に大きな可能性を拓いてくれる。

普段の仕事で、活用できる――これは、多くの会社にとって、想像以上のメリットをもたらす。なぜなら、デジタル全盛の今、効果的ノウハウの多くは、デジタルリタラシーが高くなければ使えない。デジタル絡みのノウハウは、技術ベンチャーなどの成長ビジネスでは、すぐに導入できるが、成熟ビジネスにおいては、慣れた業務を抜本的に変えなければならないから、大きな壁にぶつかる場合が、ほとんどなのだ。

しかし本書の方法論は、担当者がその気になれば、すぐに活用でき、売上がスムーズにあがりはじめる。費用対効果が極めて高い。だから私は、この本をなんとしても、日本の読者にお届けしたかった。

やるべきことは、シンプル。第9章にまとめられている**5大テーマに絞って、顧客からの問合せに対する回答を、会社のウェブサイトに準備する**だけだ。手順は、コーヒでも啜りながら、顧客からの問いに「正直に、どう答えるか?」と考える。答えを、走り書きする。その文章を編集して公開する。基本的な作業は、以上で終わりだ。

このような**「顧客に語りかける、正直な文章」**は、自己主張ばかりで、嘘が溢れるネットのなかで、注目されやすく、信頼される。しかも絞り込まれた5大テーマは、購買直前に知りたい内容だから、あなたから発信された正直な情報は、あなたの会社にぴったりな顧客を引き寄せることになる。

その結果は、どうだろう?

本書で紹介された、実績数値の一部をあげれば、

- 活用3ヶ月後には、サイト訪問者が月1000人弱から、3万人に急成長。800万ドルの売上増。
- 2年あまりで、月間数千人のサイト訪問者が、11万5000人を超える。
- 本書ノウハウ活用で、広告費ゼロになったにも関わらず、年間1000万ドルの売上の増加。

このように日常業務のちょっとした改善ではじまる集客増・売上増は、ベテラン・マーケッターがあげる結果をも余裕で超えてしまう。

気の乗らない地味な仕事が、最高に面白い仕事に

先ほどの実績が、ITやAIベンチャーなどの成長市場での数値であれば、驚くものではないかもしれない。しかし著者マーカス・シェリダン氏自身が、このノウハウで会社を急成長させたのは、スイミングプール施工会社における営業職を務めていたときのこと。著者自身も書中で漏らしているように、それは、どちらかといえば、気が乗らない地味な仕事だった。しかしリーマンショックで売上が急減するなか、受注がすべてキャンセル。やることがないなか、

今まで後回しにしていた顧客への回答に、ほんのちょっと彼なりの工夫をした結果、48時間以内に、検索エンジンでトップ表示に。１００万人以上の訪問者を呼び込み、顧客と会うことなく、１０００万円以上もの**高額受注を獲得できる仕組み**を築いた。

彼がやったことを、表面的に言えば、それは顧客からの問い合わせへの回答（ＦＡＱ）を記事化したことだが、ＦＡＱはきっかけに過ぎない。彼がやったことは、自社にぴったりの顧客を集め続ける、本当のコンテンツマーケティングである。

一般的にコンテンツマーケティングといえば、記事にお宝キーワードやロングテールワードを入れたり、文字数を多くしたり、クリックされやすい穴埋め式のタイトルをつけたり、メタタグに関連キーワードを埋め込んだり…といったテクニックを思い浮かべるだろう。しかしなぜ、そうした専門技術だけでは十分ではなく、なぜ本書の顧客に「訊かれたことに答える」というアプローチが必要なのだろう？

理由は、ほとんどの企業は膨大な量のコンテンツを制作しながら、**買い手が本当に知りたい情報を文字にすることから逃げているからだ。**

たとえば、購買意欲の高い見込客は、当然、価格を知りたいが、ホームページには価格が明示されていない。見積もりをお願いすることになるが、それがどういう前提や根拠で算出されているのか、わからない。すると、そこで顧客は、その会社には連絡しないうちに、行き場を見失ってしまう。

そこで、著者がはじめたアプローチが、顧客から「訊かれたことに答える」である。具体的なコンテンツ文例はいくつも、本文中に詳述されているが、その一例を簡略にご紹介すれば、

「当リバー・プール&スパには、『コンクリート製とファイバーグラス製はどう違うんですか?』というご質問が毎年寄せられています。もっともなご質問です。(中略)当リバー・プール&スパはファイバーグラス製しか取り扱っておりませんが、実を言うと、ご家庭によってはこれが最適とは言えない場合もありうるのです。(中略)悪い点を、正直に包み隠すことなく、これから説明していきます。」(142頁記載例より抜粋)

どうだろう?

そこにシェリダン氏が目の前にいて、答えてくれているような印象をもたなかっただろうか？

このように**包み隠すことのない、正直アプローチ**により、他社が答えようとしない質問に率直に答える結果、信頼がすばやく築かれるのだ。

回答に見られる違いは、ビジネス哲学の違い

微妙な違いのようにみえるが、**この顧客からの問い合わせに対する回答姿勢が、事業の成長をうむ根元力になる。**

その理由は、次のクイズに答えてみると、よくわかる。

《事業成長をうむ根元力クイズ》

Q 次の2つの仕事のうち、どちらを重視している会社が、顧客からの信頼を得るでしょうか？

①すでにあるホームページのコンテンツを閲読したデータを分析する仕事

②顧客からの問い合わせから逃げることなく、顧客の本当の関心に、正直に答える仕事

あなたの答え

① or ②？

「もちろん②のほうが大切でしょう」と答える読者が多いことを期待したいが、実際、多くの企業のマーケッター（＊1）は、①を綺麗にまとめる作業に重きを置いていて、②は顧客サポー

ト部門の担当と考え、全く省みられていない。

＊1　Marketerを日本語で使う場合、「マーケター」という表記と「マーケッター」という表記の2種類がある。10年ほど前までは、「マーケッター」と表記する例が多数だったが、近年は、英語発音に近いように「マーケター」と表記する例が多くなっている。本書では、あえて「マーケッター」と表記するようにしている。というのは、「マーケター」とは、「負けーたー」を連想させ、負け癖がつくことを、私は真剣に憂慮しているからである。私は、YouTuberと同じように「Marketerを憧れの職業にしたい」と思っているから、勝ち癖をつけていただくと同時に、肩書きに誇りをもてるよう、マーケッターと表記することを信条としている。

「顧客のデータ分析」ばかりが重視され、「顧客の満足探究」は、完全に抜け落ちていたのだ。

顧客が本当に知りたいコンテンツを提供することから、マーケッターが逃げていれば、当然、顧客も、その会社に自らのデータを、正直に提供することから逃げる。だから企業が多額の広告費を投下して集めたデータは、曖昧かつ不正確なノイズの多いデータとなってしまう。そのデータをどんなに精緻に分析したとしても、分析のための分析になってしまい、結局、締め切り付きの割引キャンペーンで、成約率を一時的にあげることになる。

こうした根本的な問題を、抜本的に解消したのが、本書のノウハウである。

正直であることを、貫けばいいので、実にシンプルだ。

さらに、**このノウハウが、あなたの会社に当てはまるかどうかを見分けるのも、同様にシンプルだ。**今、あなたの会社のホームページのＦＡＱに書かれた回答をチェックいただきたい。そこに**顧客が夢中になって読み込むような面白い回答が書かれていたら、本書を読む必要はない。**

しかし、現実的には、こうした会社は１％も見当たらない。だからこそ、「聞きたい…」を実際にはじめたとたん、その会社が提供する価値にぴったりとあった、購入意欲が高い顧客が、集まりはじめるのだ。

著者の元には、プール施工会社を辞めた今でも、プールに関する質問が、全世界から寄せられているという。顧客に真摯に向き合った結果、発せられた自分の言葉が磁力となり、自分の価値を求める顧客が、世界から集まってくる。仕事を通じて、自分たちの影響力が世界に広がっていくのだから、こんな仕事が面白くないはずがない。

YouTubeチャンネルで展開すると、怖いほどのポテンシャル

本書が書かれたのは、２０１７年、今から3年前のことだ。邦訳が刊行されるまで、大きな遅れとなったが、実は、これが幸いした。なぜなら、本書の考え方は、成長期に突入したYouTubeチャンネルで、そのまま活用できるからだ。

具体的には、顧客からの問い合わせをきっかけに、**正直に伝えるYouTube動画**をつくる。すると、購入意欲の高い顧客に視聴されるコンテンツになる。その動画を、会社の公式YouTubeチャンネルで公開する。動画検索で上位ランキングされれば、購入意欲の高い顧客を集めつづける増客マシーンの完成だ。業界の標準チャンネルになる可能性もある。ライバル会社に知られてしまうのが、怖いぐらいの手法である。

このようにデジタル時代に成長を加速させる進化は、日常業務のなかでおこなう普通の仕事を、普通の社員が、ほんのちょっと工夫することから、はじめられる。新米社員が、ビジネスの実力をつけながら、ビジネスの楽しさを覚えるにも、最適な方法論である。

なお本書は、具体的な文例が数多く掲載されている。その多くは、そのまま参考にしながら活用できる、見事にこなれた日本語に翻訳されている。アメリカのビジネス書は、どんなにノウハウが優れていたとしても、翻訳次第で、文化が異なる日本ではまったく使えないものになってしまうが、読者は頁をめくりはじめたとたん、まったく違和感なく、内容に没頭することになるだろう。

このような見事な仕事ができるのは、私が知る限り、本書訳者の齋藤慎子氏しかいない。彼女の翻訳技術により、数多くの日本人企業家、挑戦者たちに、富と繁栄がもたらされることに、心より感謝申し上げたい。

Contents

Contents

Contents

第3部 実行し、企業文化にしていく

Contents

序文

僕はいち建設作業員にすぎない。だけど、設計図があり、みんなで力を合わせれば、超高層ビルだって作り上げることができた。君たちマスター・ビルダーも、みんなで力を合わせたらどうなるか想像してみて。世界だって救えるはずだよ。

エメット・ブロックスキー（映画『ＬＥＧＯムービー』の主人公）

２０１０年、ある驚くべきことに気づきました。スーパーヒーローでなくても、苦戦中の会社を救い、組織全体の価値観や行動の仕方に大きな変革をもたらすことはできるのです。そのやり方を説明しているのが、この本です。

最高経営責任者（ＣＥＯ）でもない自分に、そんなことができるのか。本社から２０００キロも離れて仕事をしていたら？　経営陣のなかの最年少だったら？　しかも産休から職場復帰したばかりの女性だったら？　そうした変革を強行するしかないのでしょうか、それとも、内部からもたらすことができるのでしょうか。

普通の人間がいったいどうやって、予算削減、売上アップ、購入サイクルの短縮化、利益アップ、口コミ促進、社員の参加意識向上をおこない、会社を飛躍的に成長させるのか。しかも、「訊かれたことに答える」という、いたってシンプルな戦略で。そんなのムリ、と思うでしょう。本当にムリでしょうか。

それが、十分可能です、実際にできたのですから、と申し上げたら、驚かれるでしょうか。

わたしの経験を少しお話ししましょう。

実は、いま挙げたことをひとつ残らずわたしが達成できたのも、この本に書かれているさまざまなアイディア、事例、戦略を、著者マーカス・シェリダンに助言してもらったおかげなのです。きっかけはこうです。

そもそも、事態は切迫していました。売上は相当落ち込み、会社は縮小。予算の大幅カット、生産ラインは止まったままだし、大切な仲間たちも解雇されていきました。非常に厳しい状況だったのです。

さらに、当時は業界も変わりつつあり、買い手とコンタクトをとるのがますます難しくなっていました。メールを送っても見てももらえない、トレードショーの集客はかつての半数、資料を送っても電話1本かかってこない。ファックス攻勢なんて、話したくもありません（これがごく普通におこなわれていた時代があったなんて、信じられます？）。しかも、ライバル企業のなかでも一番小さいところですら、ネット検索で、どういうわけかうちより上位に表示されていたのです。

取引先はどこへいってしまったのか。これだけ不利な状況で、いったいどうやって会社を成長させていけばいいのか。

自分にもなにかできることがあるはず。おこがましくも、そう考えたのです。

当時のわたしは、ブロックイメージングのマーケティングマネジャーでした。当社は、MRIやCTのスキャナから、デジタルX線撮影装置にいたるまで、ありとあらゆる医療用画像診断装置の中古買取、販売、再製品化をおこなっているB2B企業です。かなりユニークなニッチ業界でしょう？

当社はグローバル企業なのに、ネット問い合わせからの売上が全体の5％しかないのが気になっていました。この数字を見て、いますぐ変えよう、と決心したのです。

そして、いわゆる「インバウンド」あるいは「コンテンツ」マーケティングというものがあると知り、これこそ、当社の喫緊の問題に対する答えだ、とすぐに確信しました。そこで、必要なソフトウエアの利用契約を結びました。これがゲームチェンジャーとなるはずです。だって、マーケティングオートメーションやブログですべてが変わるはず、ですよね？

大まちがいでした。

ソフトウエアだけではダメで、伝える価値のある情報が必要だったのです。しかも、大量に。そこで今度は、他部門の人たちにコンタクトをとり、ネットで伝える価値のある情報を集めることにしました。わけないはずでした。

話は熱心に聞いてもらえたのですが、たいてい、こう言われました。「クリスタ、なんだかすごく面白そうだね。**君たちが**どんなことをするのか、楽しみだよ。僕は営業だから、今から仕事に戻らなくちゃ。そのマーケティングなんとかってやつ、うまくいくといいね」

新たなハードル。協力してもらうこと。

それからの半年間、支持してもらい、関わってもらうべく、奮闘しました。プレゼンや研修会を何度もおこなったり、ソーシャルセリング・カンファレンスに一緒に出席してもらえないかと営業トップにお願いしたり、見たくない数字をなるべく公表したりしました。これだけやっても、ブログ記事を月に2本もアップできれば、いいほうだったのです。がっかりでした。そうしたブログの内容はブランド中心で、顧客中心とは言えなかったから。あんなに努力しても、標準以下のコンテンツしかできなかったから。こんな中途半端なことをいつまでも続けている場合じゃなかったからです。

電話をしたのは、そんなときでした。あの電話が、すべてを変えることになったのです。助けを必要としていたわたしは、うってつけの人物を知っていました。

この本の著者、マーカス・シェリダンには、苦戦していた中小企業をインバウンドマーケティングで救った経験がありました。しかも、ありとあらゆる戦略のなかから、もっともシンプルかつ有効なものを見つけ、それで数百万ドルの売上を上げていたのです。それが「訊かれたことに答える」です。マーカスの経験や実例はまさしく、当社が学ぶべきものであり、それも、本人に直接話してもらう必要がありました。

あれは、わたしの人生でも一、二を争う重要な電話になりました。

「マーカス、はじめまして。当社のことはご存じないと思いますが、あなたはわたしにとってヒーローです。ぜひ、当社ブロックイメージングへお越しいただけないでしょうか。インバウンドマーケティングに全力で取り組むことが当社の緊急かつ重要課題であること、全社員が関われば最高の成果につながることを、いっしょに説得していただきたいのです」

こうして、マーカスと共同で2日間の研修会を企画することになりました。インバウンドマーケティングという新たな考え方を社内全体に教え、吹き込み、活性化するためです。営業、エンジニア、幹部、人事、執行部、プロジェクト責任者、顧問弁護士、経理、まさに全員参加です。で、うまくいったのか?

もちろん。全員を巻き込もうとしてわたしが丸1年苦戦していたところを、マーカスは6時間足らずで達成してしまったのです。

マーカスは難しいことをシンプルに説明してくれました。

みんなが納得しました。

みんなが支持してくれました。

この日が当社の新たな時代の幕開けとなったのです。教える立場になり、相手の話をよく聞き、どんなことにも答えようとすれば、状況は必ず好転することを理解したのです。

この2日間の研修のおかげで、ブログ記事700本分のアイディアが生まれ、優れたコンテンツをこれから各部門で作っていくことになりました。なによりも、会社のためだけでなく、自分たちのためにもよりよい未来を作り上げていく、というはっきりした計画のおかげで、みんながひとつになったのです。情報提供し、買い手に理解を深めてもらうことが企業文化となりました。

その結果、ネットリードからの売上が全体の5％しかなかったのが、40％を占めるまでになったのです。この取り組みを始めてからたった2年間で、ウェブサイト経由のリードに直結できる売上は、**900万ドル**を超えています。

もう一度やり直すチャンスを与えられたような感じです。

これまでにないほど多くの人々のお役に立つことが、ごく自然にできています。家族や友人と過ごす時間や気持ちの余裕も生まれました。不安やいらいらではなく、楽しさ、無力感ではなく、希望に満ちています。受け身ではなく、先手先手を打っています。単なる仕事ではなく、使命なのです。

それだけに、今回、マーカスがその経験を本にしたことを大変うれしく思っています。読者のみなさんが旗振り役となって、こうした変革をそれぞれの組織で起こす気になり、そのために必要な知識を身につけられるはずです。今がそのときだからです。

現状を打破し、変革を推進すべきとき。誇りに思え、買い手から信頼してもらえる組織に育てていくべきとき。大切な人たちとの時間とスペースを確保しつつ、有意義な成長を促すべきときだからです。たやすいことではありません。でも、この本があれば、そうした難題もきっとより早く解決できるはずです。そうする価値は必ずあります。

クリスタ・コトローラ（ブロックイメージング　最高マーケティング責任者）

第 1 部

ビジネス、
マーケティング、
信頼に対する
かなり異質な考え方

「あなたの業界でもっとも信頼されている代表的存在は?」とお尋ねしたら、どう答えるだろうか。

驚くことに、代表的な人物や企業が存在すらしない業界が非常に多い。この第1部の内容をきちんと適用することで、あなたの会社が代表的存在になれることがつぶさにわかるはずだ。

第1章 転落

不安と無力感に圧倒されだした自分を感じる。今日もまた、長い1日を終えて車での帰宅途中に携帯電話で銀行に電話をかけてしまう。会社の当座預金口座残高が自動音声で流れてくるのを、どきどきしながら待つ。残高を聞いても、驚くには当たらない。

当座借越。

いったいなんだって、この期に及んで残高照会なんかしているのか。会社の口座はこの2週間、ずっと当座借越なのだ。

なのになぜだか、この番号にどうしても電話をしてしまう。実際より少しはましかも、というかすかな期待を抱いて。

電話を切り、自分の責任の重さをひしひしと感じたわたしは、泣き出した。

当時のわたしは31歳。事業は失敗。家庭もうまくいっていなかった。問題解決が得意、と自負していたわたしに、解決策はなにも残っていなかった。

涙がとまらない。あと数分で家に着けば、妻のニッキが「で、今日の仕事はどうだった？」とはあえて訊いてこないのがわかっているからだ。

人生には訊かないほうがいいこともある。妻にはよくわかっていたのだ。わたしの目にストレスを、表情に気がかりを、読み取るようになっていた。わたしの苦悩はそれほど明らかだった。

2009年1月、それが、プール屋のわたしだった。

「プール屋」になった経緯

2001年、ウェストバージニア大学を卒業したばかりのわたしは、ごくシンプルな計画を立てていた。面接を受けて就職する、だ。

このときすでに結婚していて、最初の子である、娘のダニエルもいた（最終的には4人の子を授かった）。

計画は当初、うまくいっていた。自分に合いそうな会社を見つけて面接を受け、即採用された。ニッキとわたしは娘をチャイルドシートに乗せ、わずかな身の回り品を貸しトラックに積み、首都ワシントンの近くに引っ越した。職場がバージニア州北部のヴィーナという町にあったからだ。

残念ながら、この仕事には面白みを感じられないことにすぐに気づくことになる。おまけに、妻は首都周辺の交通渋滞をひどく嫌っていた。そこで、ここに落ち着いてしまう前に脱けだし、ふたりが育ったバージニア州ノーザンネック地域へとりあえず戻って、気を取り直してから次の計画をじっくり考えることにした。

ちょうどその頃、親友のジム・スパイスとジェイソン・ヒューズが、家庭用大型プール会社、リバー・プール＆スパを立ち上げたばかりで、バージニア州のウォーソーという趣きのある町に小売店（取扱製品はジャグジーやプール用品など）を開く準備をしていた。

設置式や埋め込み式のプールの設置工事でふたりとも出かけている間、店を切り盛りする人間が必要なので、お願いできないだろうか、と尋ねられたわたしがなにを考えていたかは、次の返事でだいたいおわかりいただけると思う。

「もちろん。ビジネスが軌道に乗るよう、喜んで手伝わせてもらうよ。次の仕事が見つかるまでだけどね」だなんて、いま思い出しても笑える。

そもそも、「大きくなったらプール屋になりたい」なんて思う人がいるだろうか。

わたしだって、子どもの頃も、大学を卒業したときも、プール屋になるなんてまったく思ってもみなかった。人生なんてわからないものだ。

リバー・プール＆スパで働くようになってすぐ、この業界のことをなにも知らないことに気づいた。「泳げる」だけでは、ジャグジーやプール用衛生管理薬品の販売には役に立たない。そこで、いつもやっていることを実行した。学ぶ、読む、研究する、だ。この業界のことを徹底的に調べまくった。

プール屋としていつまで働くことになるのかわからなかったけど、なんにもわかってないやつ、と客に思われたくない。

そうこうするうちに、プールとスパについてかなりの知識を蓄えるようになった。ジムとジェイソンが店に戻ってくると、わたしはいつも、ジャグジーのブランド名、特徴、各構成要素など、いろんなことを質問した。わたしが急に、取扱製品にやたら詳しくなったことに、ふたりもすぐ気づいた。客も、なにか質問があれば、わたしがたいていのことに答えられることに気づいた。答えられないときはすごく気になるから、しっかり調べて、次に訊かれたときにもっときちんと答えられるよう備えた。

おかげで、この会社の３人めの共同経営者にふさわしいと思われ、半年後には、ジムとジェイソンから、ずっとここで働かないか、と誘われた。

このときの誘いが人生にどんな影響を及ぼすのか、想像もしなかったわたしは、あっさり「いいよ」と答えたのだ。

それが、2001年のことだった。

にせ好景気の2001~2008年

事業拡大はけっしてたやすいことではない。分野、業界、領域に関係なく、とにかく容易ではない。

リバー・プール&スパの最初の数年間も、一筋縄ではいかなかった。契約がどんどんとれるときもあれば、そうでないときもあった。景気のいいときもあれば、悪いときもあった。

ひとつだけ確実に言えるのは、当時のアメリカ、特に住宅市場は、好景気のおかげで、住宅リフォーム業界はどこもみんな事業を拡大させ、まともな暮らしができていたということ。特に優秀な企業じゃなくてもだ。

リバー・プール&スパにとって、この好景気は、住宅価格がとんでもなく膨れ上がることを意味した。おかげで、新たな住宅ローン、つまり、持ち家の純粋価値を担保に、ほぼだれでもお金を借りることができたのだ(生きてさえいれば基準を満たしていた)。

つまり、2000年代の最初の7年半は、家庭用プールのローンがだれにでも組めたというわけだ。

プール屋が売ってくれるなら、住宅所有者はその代金を貸してくれるところを見つけられる。

今思えば、こんな経済システムは褒められたものではない。でも、とにかくそうだったのだ。

わたしたちも含めて、みんながそこに組み込まれていた。

歯車が狂い始めた2008年

2008年も希望に満ちたスタートだった。市場シェアの上下動のほかにもいろいろ切り抜けていたし、今年は当たり年になりそう、という期待で、わたしもやる気満々だった。会社もついに節目を迎え、十分な収益を生み、銀行にたっぷり預金してオフシーズンに入る見込みだった（バージニア州では、家庭用プールの販売シーズンは3～9月が中心）。

その年は夏の中頃までに、かつてない売上を計上していた。カレンダーを見ながら、「2カ月分がもう売れて、設置待ちか。これはすごいぞ！」なんて考えていたのをいまも覚えている。

それが突然、だれも予測しなかった地震のように、9月、アメリカの経済システムが崩壊した。

リーマン・ブラザーズが経営破綻。

ダウ平均株価が暴落。

ジョン・マケインとバラク・オバマが選挙遊説の先々で、破綻した銀行をどうすべきか議論していた。

連鎖反応で、日に日に悪化していくように思われた。

日に日にどころか、ダウ暴落から48時間以内に、リバー・プール&スパは、冬のあいだにプール設置工事をする頭金を支払済の5人の客から、こんなふうに言われたのだ。「景気が心配なので、プールの件はいったん中止にしたい」

プールの設置工事費は平均5万ドルだから、これでざっと25万ドルの損失になる。これだけの額を、たった48時間で失ったのだ。

大打撃、なんて言葉でもまだ足りない。

その後もずっと、状況は悪化の一途をたどった。まず会社の預金、次にクレジットが完全に枯渇していった。

2008年12月、社員に自宅待機してもらわなければならなかった。仕事がまったくないからだ。

2009年1月、会社の当座預金口座が借越になった。

事態が深刻なので、共同経営者であるわたしたち3人は、複数の経営コンサルタントに相談した。結局、どう考えてもリバー・プール&スパにとって袋小路だから、破産申請したほうがいい、と言われるのがおちだった。

それは受け入れがたいことだった。それまでの8年間、このプール会社に自分たちのすべてを投じてきたのに、いまやその会社だけでなく、持ち家も、クレジットも、今後の財政見通しも、失おうとしている。

そういうわけで、2009年1月のあの晩、車のなかで泣いていたのだ。借越口座、自宅待機中の社員、そして破産が目前に迫っていた。

暗く、困難な時期だったのは間違いない。

第2章
購買行動が変化し、営業とマーケティングの境界が曖昧に

リバー・プール＆スパが転落し、やがて盛り返した話をする前に、基本的事実を２つ、説明しておく必要がある。ここを理解しておいてもらわないと、本書から得られるものはなにもないからだ。

まず１つめ。**消費者の購買行動はこの10年でとてつもなく変化してきている。**とりわけ、「営業」と「マーケティング」の境界が、まったくなくなったとは言わないまでも、すっかり曖昧になっている。

最近の複数の調査が、驚くべき具体的な数字を示している。

いまや、**企業とコンタクトする前に、客は平均で7割がた、購買を決めているのだ。**

そう、７割だ。

つまり、営業がライバル企業と競う以前に、客の心はすでに7割方決まっているのだ。

これが一般消費者向け取引（B2C）の調査だと思っているなら、おあいにくさま。企業間取引（B2B）の調査結果だ。

簡単に言えば、この7割という数字は、業種、規模、地域などに関係なく、すべてのビジネスに共通しているということ。

これが何を意味するのか、ちょっと考えてみよう。

10年ほど前にさかのぼったとして、企業と実際に話をする前に購買が決定している割合はどのくらいか、と尋ねられたら、どう答えるだろうか。

大抵の人が、2割から3割のあいだくらい、と見積もるだろう。わたしもそうだ。

で、そのくらいだとして、10年ほど前に2、3割だったのが、いまや7割ということは、10年後にはどうなっているだろうか。

8割か？

9割か？

すべてか??

さらに受け入れがたいことがある。世界中の企業やブランドに重くのしかかっていることだ。

こうした変化が事実なら、売上により大きく影響するのは、営業部門か、マーケティング部門か。

そう、マーケティング部門だ。

なのに、企業が資金繰りに困ったとき、一般論として、まっさきに解雇されるのはどちらか。

やはり、マーケティング部門だ。

で、成長が期待できるとき、まっさきに人材採用されるのはどちらか。

営業部門だ。

ここで質問。**なぜそうなのか?**

読者のあなたもきっと同じ意見だと思うが、優に100年以上、ずっとこのやり方でやってきているからだ。

営業は、かつては、ビジネスの原動力だった。

マーケティングは、出費ばかりだった。

でもいまはもう、そうは言えなくなっている。

企業やブランドは、従来のやり方をもはや続けられなくなっている。それどころか、デジタル時代にどんどん突入していくにしたがって、どこよりも大きく成長しているのは、従来とは違うやり方でビジネスをおこなっている企業なのだ。

いまの商業界を見渡してみても、ルールを破ったり、業界の慣習を無視したりしながら、新たなビジネスルールを作ろうとしている。

ザッポスもそうだ。着払いで返品を受けつける、と言うと、当時のライバル企業はせせら笑った。それがいまや、どの企業もみんな真似ている。

ザッポスがルールを変えたのだ。

カーマックス（あとで詳しく取り上げる）は、中古車業界に革命を起こした。どうやったのか。あとで説明するように、消費者が求めていることにひたすら耳を傾け、それに基づいて行動したのだ。そんなことムリ、と同業他社が思おうが思うまいが関係ない。

カーマックスも、やはりルールを変えたのだ。

こうした例はいくらでも挙げられるが、どの企業にも共通している点は変わらない。こうした企業は、消費者が変化してきていることをはっきりと理解し、それに対応しなければ取り残されてしまうことがわかっているのだ。

動かしようのない事実は、営業とマーケティングがかつてと同じではなく、その境界線が今後ますます曖昧になる一方だということだ。

客と対面しないと売れない、と思われているものもすべて、いずれネットで販売されるようになる。

恐ろしい？

確かに、そういう見方もできるだろう。あるいは、それを大きなチャンスととらえることもできるはずだ。実際、多くの企業がそうとらえて、桁外れの業績を収めている。格好の例がある。２０１５年、わたしたちの会社はプール販売で10万ドル超を売り上げた。しかも、客の家を訪れる前に。

そんなことができるなんて、ほんの5年前にだれかに言われても、面と向かってあざ笑っていただろう。

いまなら、自分が世間知らずだったとわかる。実際、今後数年でコンシューマリズムや購買行動がどのくらい変化していくのかは、だれにも理解しえないのではないだろうか。

でも、これだけは言える。本書に書いてあることをしっかり守れば、次にどんな変化が来ようとも、少なくともそれに対する準備はできるはずだ。

第3章
本書はこういう人には役に立たない

前章に書いたように、本書が役に立つかどうかに大きく影響することが2つある。

1つめは、消費者の購買行動の変化と、それがいまの営業とマーケティングにどう影響しているか、ということだった。消費者行動が変化しているとは思っていない人は、これ以上本書を読み続けても意味がない。

本書から得られることに影響する2つめは、もっと個人的なことだ。結局は、ものの見方、ということになる。

わたしが世界中で、営業とマーケティングの将来、その将来に備えるために企業が何をすべきかを論じてきたなかで、人は2つのタイプに分かれることに気づいた。あなたもこれまでになんどもお気づきになったと思う。

1つめのタイプの人（あるいは企業）は、新しいアイディア・提案・事業戦略を耳にすると、こんな反応をする。

「なるほど、それならできそうだ」

「うちの会社にも応用できそうだ」

「うちの業界でも活用できそうだ」

2つめのタイプは、もうお気づきのように、これとは正反対の反応をする。

「そんなのダメだ、うまくいきっこない」

「ムリ」

「うちの業界の購買行動はそうじゃないから」

などなど。

後者がこういうものの見方をする理由は単純で、要するに、ちょっと滑稽（かつ残念）な思い込み、ということになる。

「だって、あなたがいま話していることは、家庭用プール業界ではうまくいっているかもしれないけど、**うちはまた別ですから**」

ああ、出た出た。「うちは別」おばけだ。

おもしろいことに、わたしは世界各地で講演するたびに、聴衆にこう尋ねることで、すでに何千人に調査してきている。

「自分の会社は、いまここにいるほかの人たちの会社とはまったく別だと思っている人、ちょっと手を上げてもらえますか?」

どのくらいの人が手を上げると思うだろうか。

全員と答えた人、正解。

みんながみんな、うちはよそとは違う、と考えているのだ。

だれもかれも。

「いや、うちはその辺の企業とまったく同じです……」なんて、だれひとり言わない。

こうした反応をする心理状態をよく考えてみると、自分の会社がよそとは違う、と本気で思っている理由は、自分たちだけは**特殊**だと思いたいからだ。

特殊だと思いたがるこの欲求は、認める認めないにかかわらず、ビジネス界に根深い。

でも、まさにそこが問題なのだ。**どの企業も特殊ではない**。少なくともこの言葉のごく基本的な意味においては。いい例がある。わたしがプール屋としてせっせと働いていたとき、会社も売上も順調だったのは、結局ひとつのことがベースにあったからだ。それは、**消費者(買い手)からの信頼**だ。

その後、リバー・プール&スパでのフルタイムの仕事を辞めて(現在はサイレントパートナー)、営業とマーケティングのコンサルティングをおこなう、セールスライオンという会社を立ち上げてからも、会社と売上が順調なときは、同じ要素がベースにあると気づいた。やはり信頼なのだ。

消費者や買い手に関して言えば、**どの企業もすべて**同じ、たったひとつのこと、それが、信頼なのだ。この現実を受け入れて、「うちは別」という思い込みをぬぐい去り、どの会社も基本的には変わらない、と意識するようになると、すばらしいことが起きるようになる。

このことをさらに推し進めるため、セールスライオンでは、世界中の企業やブランドに協力し、営業とマーケティングのデジタル課題の克服を支援してきた。そうした企業の半数以上がB2B、多くはサービス業だ。ただし、どの企業でもこの全体像は変わらない。セールスライオンでは、相手がだれであろうと、信頼を得ることにこだわっている。そうした企業の事例を本書のあちこちで紹介している。

そこで、あなたにぜひお願いしたい。本書には、あなたの分野や業界の従来のやり方を疑問視するような箇所があると思う。その場合も、そこで提言していることを無視して価値を認めないのではなく、「そんなことが可能なのか」と自問してほしい。

そうすれば、本書のさまざまな内容が、あなたのビジネス、そしておそらく人生にも、非常に大きな影響を与えることになるはずだ。

あなたの会社がB2BでもB2Cでも、地元のみでも全国展開でも、提供しているのがモノでもサービスでも、大企業でも中小企業でも、「うちは別だから」と、こもってしまわないように。

ビジネスの基本に立ち返ろう。信頼に立ち返るのだ。

それこそが、すべての企業が携わっているビジネスだ。

第4章「訊かれたことに答える」の発見

うちの会社が倒産寸前だった話に戻ろう。

会社救済など、奇跡でも起こらないかぎりムリ。それもすぐに起こらないとダメだ。潜在顧客が（不況のせいで）以前より減っているのに、リードも売上もこれまで以上にかき集められる方法を見つけないと、数カ月後には破産してしまう。

これだけの重圧にもかかわらず、わたしは知らず知らずのうちに、ビジネスと景気の一般的状況についてあれこれと考えていた。時代が変わりつつあるのは確かだ。人々の購買や消費のしかたは、つい2、3年前とくらべても急激に変化している。自分自身の行動を見てもそうだ。わたしもすでに、インターネットに**なんでもかんでも**頼るようになっていた。なにか疑問があればグーグルで調べる。なにを買うにも、もう無知な消費者なんかではない。いまや、必要な情報はなんでもすぐ調べられるから、どんな専門知識でも得られる。製品、企業の評判、ちょっとしたヒントやコツ、知りたいことはすべてネット上にある。どの消費者も、自分自身の営業担当者、また、そのテーマの専門家になりつつある、と言っていい。

まったくすばらしい時代になったものだ。これだけのストレスを抱えていても、デジタル時代のさまざまなチャンスを考えないわけにはいかなかった。そのことに気づけば、ありとあらゆるビジネスに利用できそうに思えた。

インターネットが社会を変え、暮らしに強い影響力を持つ、それがどのくらいか、わたしには計り知れないのは明らかだった。ただ、年々、その感をますます強くする一方だった。「従来の」広告のやり方では、もううまくいかなくなっていた。

リバー・プール&スパは過去に、リードを獲得するためにあらゆることを試してみていた。テレビコマーシャル、ラジオコマーシャル、新聞広告、イエローページ掲載と、それこそ手当たり次第にやった。こうした媒体に数百ドル、数千ドルを毎年投じていた。でも、その効果は年々下がっていく一方だったのだ。

こうした交代劇を目の当たりにし、もうかつてのようなことはありえないのだと気づいた。なんとかしなければならないのは明らかだ。それも、いますぐにだ。

会社を救済しようと思うなら、このインターネットを全面的に受け入れて、破産の危機から脱けだす方法を見つけるべきなのだ。

わたしは没頭した。

時間さえあれば、事業成長にインターネットを活用する方法について書かれたものを読むようにした。記事を読んだり、動画を観たりしているうちに（www.HubSpot.comにあるものが一番役に立った）、ある用語をそこかしこで目にするようになった。どれもこれも、見慣れないものばかりだ。

■インバウンドマーケティング
■コンテンツマーケティング
■ソーシャルメディアマーケティング
■デジタルマーケティング
■ブロギング

気取ったことばばかりだ。しかもその定義がまた、マーケティング用語のオンパレードだったから、プール屋のわたしには、はっきり言ってさっぱり理解できなかった。ただ、恥も外聞もなく言ってしまうと、それがかえってよかったと思っている。わたしはなにも経営学修士号を取得したエリートの観点からインターネットを考えていたわけじゃないし、経営も営業もマーケティングも、大学で専門に学んだわけじゃない。むしろ、一消費者の立場で考えていたのだ。

「インバウンドマーケティング」とは、要するに、顧客を（探しにいくのではなく）、向こうからこちらに来てもらう方法、と理解した。

「コンテンツマーケティング」とは、要するに、買い手の信頼を得るために、教えたり問題解決したりすることだ。

こうした基本的な把握のしかたが、あとから思えば、とてつもない強みになった。

こうした気取った専門用語、提案、戦略をいろいろ読み漁っていくうちに、わたしのなかで、すべてがひとつの核となる考えに集約されていった。

要するに、訊かれたことに答えればいい、ってことじゃないか。

よし、それならできるぞ。

なぜなら、わたしは本来そういう人間、つまり人に教えるタイプだからだ。

ファイバーグラス製プールについて教える会社になればいい。そう気づくと、会社のモットーが大きく変わった。

この変化、そしてこの新モットーが、その後、世界各地の企業に変化をもたらしていくことになるとは、夢にも思わなかった。

でも実際に変化をもたらしたし、いまも日々もたらしている。
そのモットーとは、そう、もうお察しのとおり。
「訊かれたことに答える」だ。

第5章 「訊かれたことに答える」とは

「訊かれたことに答える」とはいったい何か。

なによりもまず、ひとつの**ビジネス哲学**だと言える。

コミュニケーション、企業文化、一企業としての事業のやり方、その取り組み、とも言える。

「訊かれたことに答える」は、ひとつのこだわりから始まる。それは、お客様は何を考えているのか、ということだ。

「こだわり」は、比喩ではなく、そのままの意味で使っている。「相手は何を考えているのか」だけでなく、「相手は何を検索し、尋ね、感じ、心配しているのか」というところまで押し広げて考える。

そんなことくらいわかっている、という企業もあるが、実際には、大半がよくわかっていない。

それに、「バイヤー・ペルソナ（理想的顧客像）」がはっきりしていても、少なくともその定義のしかたの多くが十分とは言えない。

「訊かれたことに答える」を採り入れれば、教えること、業界でみんなから頼りにされる情報源となることが、自分たちの務めだと考えるようになる。リードや取引先が持っていそうなどんな質問にも、いやがらずに答える存在になる。その質問の良し悪しに関わらず、たとえ厄介な質問であっても、答えるのが道義的責任だと考えるようになる。

こうしたことに、業界のどこよりもうまく取り組むのはもちろん、可能性が広がるにつれて、そうした取り組みで方向性を決定していく。そういう企業なら、市場が考えていること、感じていること、尋ねていることにしっかり波長を合わせているから、事業モデルを発展させていく方向性がよくわかっている。

本書は、この「訊かれたことに答える」の考え方を網羅したものだ。リバー・プール＆スパにもたらした劇的な効果だけでなく、世界のさまざまな業界（B2BもB2Cも）のさまざまな企業の成果も詳しく紹介している。それだけではない。この考え方が「インターネットマーケティング」の範囲をはるかに超え、あなたの会社のビジネス哲学のあらゆる面をもしのぐことに気づくはずだ。これは、オンラインマーケティング、対面営業から企業ブランディングにいたるまで、会社、企業文化、業績に関するすべてに、大変革をもたらしうるビジネスのやり方なのだ。

本書の第1部では、「訊かれたことに答える」ことと、デジタルマーケティングの取り組みへの効果を説明している。特に、「インバウンド」または「コンテンツ」マーケティングの取り組みにどう影響するかに焦点をあてている（本書では便宜上、両者を同じ意味で使っている）。

第2部は、「訊かれたことに答える」が営業面に及ぼす効果を説明している。売り込み方から営業文化にいたるまで、また、営業部門の立ち上げ方に関する一般論も取り上げている。

第3部は、「訊かれたことに答える」を実行し、うまく機能させるための、**いつ、誰に、どこで、何を、なぜ、どのように、**を具体的に説明している。

最後の第4部は、この手法に関するよくある質問に答えている。どんな懸念も、いまひとつよくわからない部分も、なくしてもらうためだ。あなたの会社やブランド（業種、規模などを問わず）がこの先何年にもわたり、優位に立てるための最後の仕上げになれば、と思う。

第6章
よくある質問を片っ端から書き出す

さて、会社を前進させるうえで、しっかりと守るべき核となる考え方が見つかったから、次は行動に移すときだ。

わたしが最初にとった行動は、いたってシンプル。ある晩遅くに自宅の食卓で、ファイバーグラス製プールについて過去9年間に受けてきた質問を片っ端から書き出したのだ。

お察しのとおり、次々と書き出すことができた。なんといっても、プール販売で生計を立てていたのだから。リードやすでに購入してくれたお客さんからの質問を1日中聞いていたわけだから、思い出しながら書いていくことくらい、わけなかった。30分ほどで書き出した質問は、100を超えていた。

結構あるものだ。

次はもっと面白くなってくる。その後数カ月間にわたり、家族がみんな寝静まった夜遅く、こうした質問のひとつひとつに答える文章を書いたり、動画を制作したりしたのだ（もちろん、ほかのふたりの共同出資者といっしょに）。文章はブログ記事として会社のウェブサイトに掲載し、質問自体を各記事のタイトルにした。動画は、会社のウェブサイトのほか、ユーチューブにもアップした。

こうしたプロセスすべてが、わたしにとってちょっとした生きがいになった。商談中にお客さんからなにか質問されると即、**この質問はサイトに載せていたかな、**と考えてしまうほどだった。

言っておくが、こうした質問に対する回答は1、2文では済まない。かなり突っ込んだ説明もしつつ、しっかり回答する。どの質問に対しても「教える立場」の心構えで取り組む。つまり、偏りなく、相手に教えることだけに専念するわけだ。

こうやって質問を片っ端から挙げていき、それに応えるコンテンツを生み出していく経験がのちに、多くの営業やマーケティング担当者に協力し、それぞれのブランドや企業で実行できるよう手伝うことになるとは、当時は思いもよらなかった。その後数年のあいだに、世界各地の多くの企業が「訊かれたことに答える」をそれぞれのやり方で実行するようになるなんて、想像すらできなかった。

実際、客が購買決定の際に知りたがっている質問は、どの業界にも山ほどある。B2Bでも

B2Cでも、よく理解したうえで購入を決めたい、とだれもが思っている。もちろん、失敗などしたくない。

購入者ベースの質問がどの業界にも山ほどあるなんて、皮肉な話だ。そうした質問の20や30にも自社ウェブサイトで回答していない企業が大半を占めている。残念だが、事実だ。

これは一種のデジタルパラドックスだ。

消費者は、**役立つ**情報を期待している。

なのに企業は、自社の宣伝ばかりで、消費者が考えていること、心配していること、尋ねていることに焦点を当てていない。

これでは、「信頼を築く」と言いながら、そのまったく逆をいっている。

そこで、「訊かれたことに答える」へと、大きな第1歩を踏み出そう。

実践しよう

「質問をすべて書き出す」

これまでに訊かれたことをすべて書き出してみよう。相手が抱えていそうな不安、気がかりな点、懸念材料、心配に焦点を合わせる。相手が尋ねそうな（あるいは検索しそうな）言葉で書こう。いかにもこちら（企業）が使いそうな表現ではダメだ。この質問リストができれば、自社ウェブサイトに順次掲載していくデジタルコンテンツ（記事、動画、なんであれ）の発行スケジュールのベースができたも同然だ。

質問がなかなか思い浮かばないなら、その原因は明らか。理想的な客や取引先とやりとりしなくなってしまっているからだ。この場合、営業部門、カスタマーサービス部門、その他全社員を集めて、みんなで考え直してみよう。よく理解してから購入を決められるよう、客が知りたいのはどんなことだろうか。

第7章 ダチョウマーケティング戦略

「訊かれたことに答える」に突入する前に、営業・マーケティングのもうひとつの戦略に触れておかなければならない。ビジネススクールで教わることはおそらくないと思うが、いまだに世界中でおこなわれているのだ。「訊かれたことに答える」とは正反対のこの戦略を、「ダチョウマーケティング」とわたしは呼んでいる。

なぜ、ダチョウなのか。ちょっと考えてほしい。なにか問題があったとき、ダチョウはどんな行動をとるだろうか。

頭を砂のなかに突っ込む（というのは俗説だけど、とりあえずそういう前提で話を進めよう）。

では、なぜ頭を砂のなかに突っ込むのか。

そうすれば問題が消えてなくなる、と思っているからだ。

だけど、問題が消えてなくなる、なんてことがあるだろうか。もちろん、なくなりはしない。

そのことが自分や会社、オンラインやオフラインでのコミュニケーション方法と、どんな関係があるのか、と思われているかもしれない。

こう考えてみよう。なにか質問されたとき、よくこんなふうに思ったことがないだろうか。**この件は自社ウェブサイトには載せないほうがいいな、直接会って話をするときに触れればいい、と。**

こう考えることがよくあるのではないだろうか。いますぐには思い当たらなくても、そのうちに思い当たるようになる。本書には、自社ウェブサイトで触れないようにしがちなテーマがたくさん出てくるからだ。触れないようにしている理由は、いたって単純。サイトに載せたら自分たちの不利になると思い込み、客とのやりとりをコントロールしたかったからだ。

ここにこそ、ダチョウマーケティングの問題のすべてがある。消費者は（あなたもわたしも）そうされるのを好まない。もっと率直に言えば、毛嫌いする。

ダチョウマーケティング（要するに、相手の質問に答えないこと）の現実は、こうだ。

■このデジタル時代、ダチョウマーケティングはうまくいかない。
■ダチョウマーケティングでは、信頼につながらない。
■ダチョウマーケティングでは、電話もかかってこないし、来店もオンライン購入もしてもらえない。

■ダチョウマーケティングでは、自社サイトの問い合わせフォームにだれも記入してくれない。

解決策は、ダチョウみたいに知らぬふりをしなければいいだけのこと。必要なことはなんでもやって、相手の信頼を得る。

つまり、「訊かれたことに答える」わけだ。

第8章
カーマックス効果

「訊かれたことに答える」を正しく理解するには、「自社ウェブサイトに載せる記事や動画を作って客の質問に答えよう」をはるかに超える考え方が必要だ。

前にも言ったように、「訊かれたことに答える」は**ビジネス哲学**なのだ。

消費者の質問、ウォンツ、デザイア、ニーズに徹底的に焦点を当ててこだわり、それに応えるためなら、事業モデル全体を変更して進化させることもいとわない、それくらいの姿勢なのだ。

この点をもっと理解してもらうため、間違いなくある**独特**の感情を引き起こすテーマについて話そう。**中古車の購入**だ。

「中古車購入」「中古車販売セールスマン」と聞いて、どんな感じがするだろうか。どんな言葉を思い浮かべるだろうか。

インチキ臭い?

押し売り？　高圧的？

いくらでも出てくると思う。面白いことに、世界中どこでも、同じようなマイナスイメージを持たれている。世界各国で異なる文化圏の人たちに講演してきた経験から確実に言えるのだが、「信頼できる！」と答えた人は、いまだかつてひとりもいない。

ここで次の疑問がわいてくる。中古車業界はいったいどうしてこんなことになってしまったのか。

いったい何があって、世界中のこれだけ多くの人から信頼を失ってしまったのか。

この疑問に答えるために、詳しく検討していこう。

いまから中古車を買いに行くとする。どんな不安材料が考えられるだろうか。

世界各地で多くの人に尋ねたところ、回答はほぼ毎回、同じだ。

1　欠陥車をつかまされたくない（問題だらけ、走行距離の改ざん、いわくつきの車は買いたくない）。
2　セールスマンとやり合う羽目になるのがいや（高圧的なかけひき、押し問答など）。
3　ぼったくりではなく、お買い得だと確信したい。
4　買ったあとで、失敗したと思いたくない（買ってから後悔、ってやつ）。

中古車を買うとき、消費者はこうした不安を長年抱えてきたのに、その不安をなんとかしようとする販売店はほとんどなかった。そこに登場したのが、カーマックスだ。

カーマックスの登場と新たな営業手法

カーマックスの事例は、なるほどと思わせる。バージニア州リッチモンド郊外に本社があるこの企業は、中古車業界から疑いの目で見られていた時期を経て、いまや全米最大の中古車販売会社にまで成長している。それがどうした、と思われるかもしれないが、同社がどのようにして中古車業界の頂点に立ったのかを分析してみれば、話は別だ。

カーマックスは、ほかの中古車販売店が(少なくとも当時は)したがらない、次の2点を基本的におこなった。

1　中古車業界には(消費者から信頼されていない)問題があることを認める。
2　消費者の信頼を回復するにはなにをすべきか自問する。

なにしろ、ほとんどの企業やブランドは、自社、業界、あるいはビジネスのやり方に問題がある、とは決して認めたがらないのだから。それどころか、ダチョウさながらに、これが通常のやり方だと思い込んでいるから、必要な変化に気づかなくなってしまう。

一方、カーマックスは、この「通常のやり方」というパラダイムの正反対をおこなった。具体的には、ほかのだれもやりたがらないことをおこなったのだ。

消費者の信頼を取り戻すため、まず着手したのは、「中古車販売セールスマンと値段交渉するのがいや」という問題に真正面から取り組むこと。そのため、「定価販売」を掲げた。つまり、消費者に中古車の価格表を渡し、その価格から上がりも下がりもしません、ということだ。

たとえば今日カーマックスの販売店へ行き、価格表に3万ドルとある車を2万9999ドルで買おうとしても、売ってもらえない。きっちり3万ドル用意しないとダメなのだ。

そんなやり方では、いま買わないと逃してしまう、と客に思ってもらえない、と言う人もいるかもしれない。実際は、逆なのだ。買い手にしてみれば、ある数字（価格）だけに集中すれば済むのはありがたいことだから、結果的に、不安が軽減され、カーマックスへの信頼度が驚くほどアップすることになる。

まだある。定価で販売するだけでなく、セールスマンも定額歩合制にした。つまり、一番高い車を売ろうが、一番安い車を売ろうが、歩合給は同じなのだ。

お察しのとおり、このおかげで、セールスマンは（歩合がたくさんほしい）自分のことばかり考えて消費者の（ニーズに合う車を買いたい）気持ちをないがしろにすることがなくなったのだ。結果的に、購入プロセス中に信頼がさらに劇的アップすることになった。カーマックスという企業も、そこで働くセールスマンも、客のことを親身に考えているのが伝わるからだ。

カーマックスのこうした営業哲学は、当初は競合他社からバカにされていたが、結果は革新的だった。しかもその過程で、セールスマンへの不信感という、中古車販売業界全体が直面している最大の問題を克服できたのだ。

それでも、カーマックスはさらに推し進めていく。消費者が抱えている不安がほかにもまだあることを認識し、それもなくそうとしたのだ。業界のそれまでのやり方など関係ない。次にとった革新的行動は、5日間返金保障の導入だ。つまり、カーマックスで中古車を買ってから1週間以内であれば、自分にはどうも合わないと感じたら（どんな理由であれ）、返品を受け付けてもらえるのだ。

当時、5日間返金保障なんて、ほとんどの中古車販売店にとってはバカげた考えだった。それどころか、今も多くの国ではまだ異質な考え方で、前例がない。

それでも、消費者中心のビジネス哲学を（あらゆる面に浸透させながら）確立しつつあったカーマックスは、こうした返金保障を他社が導入していようがいまいが、まったく気にしなかった。

結果はどうだったか。

ここでもまた、中古車購入にまつわる大きな不安をひとつ克服し、ほぼぬぐい去ることができたのだ。それは、「買ってから後悔する」不安だ。

ほかにも革新的な行動として、品質管理に注目した点が挙げられる。この業界で昔からおこなわれてきたように、欠陥車やいわくつきの車を売ってぼろ儲けしようとするのではなく、そうした問題を極力なくすために必要なステップを踏んだのだ。

それを実感してもらうため、カーマックスの販売店を訪れたとしよう。まずこう尋ねられる。

「当店には、車両が販売基準を満たしているかどうかを確認するプロセスがあるのをご存じでしょうか」

この質問のあとすぐ、信頼構築に欠かせない次の行動に移る。同社の販売基準に合うかどうかを確認する、徹底した車両点検プロセスを、実際に見せてくれるのだ。さらに、下取りや客が持ち込んだ車の大半（ざっと66％）が販売基準を満たしていないことを**知ってもらおうとする**。

「90項目（ほど）に及ぶ点検プロセス」で車の品質はバッチリ、などとコマーシャルや自社ウェブサイトで喧伝《けんでん》している中古車ディーラーを見聞きしたことがあると思う。こうした傾向はカーマックスに始まったわけではないかもしれない。それでも、点検プロセスをひとつひとつ、実際に**見て確かめて**もらうようにしたのは、同社が先駆けであることは間違いない。

なんといっても、「百聞は一見にしかず」。

ビジネスにおいても、口で説明するだけではダメなのだ。相手の懸念材料をなくし、こちらの主張を信じてもらいたい、と本気で考えるなら、その点を示し、伝え、わかってもらう必要がある。そしてもちろん、そのことに取り組む意思がなければならない。

デジタルかつ視覚中心のいまの世の中で、ひとつ確実に言えることがある。

示さなければ、存在しないも同然なのだ。

「最高のカスタマーサービスを提供しております」なんて、どこでもみんなうたっている。みんなが言っているようなことは、消費者にとって何の意味もない。つまり、ここでもやはり、実際に示す必要があるのだ。

これと同じことが、企業のコピー、スローガン、ウェブサイトの文章で乱用されている美辞麗句すべてにも言える。

カーマックスは、同社の車両点検のしくみを客に実際に見てもらうことでこの点を証明した。販売する全車両に「カーファックス」による車両履歴レポートを標準でつけているのも、同社が先駆けだ。購入を検討している客に車両履歴を確認してもらえるから、ここでもまた疑いの種を取り除くことになり、さらなる信頼につながる。

ご想像のとおり、徹底した車両点検プロセスを見てもらうことや、車両履歴レポートを確認してもらうことで、カーマックスは、買い手が抱えている3つめの不安、「欠陥車をつかまされる不安」も克服できた。

これで、中古車購入の際の3大不安をぬぐい去ってきたわけだ。

1　セールスマンとのやりとり

2　買ってからの後悔

3　欠陥車をつかまされる

前に触れたように、もうひとつ不安が残っている。

4　ぼったくられたくない（つまり、お買い得車を買いたい）

この4つめの不安はどう克服したのか。答えは簡単。「ケリー・ブルー・ブック」による推奨小売価格を表示するほか、ここまで説明してきたことを実践したのだ。

こうしたステップを踏むことで、同社の最大の価値に気づいてもらえるようになった。それは、信頼という価値であり、どんな企業やブランドの興亡も、すべてここにかかっている。

ちょっと想像してみてほしい。15年か20年ほど前にさかのぼり、中古車ディーラー100人を前にして、売上や利益アップの方法について講演することになったとしよう。これからの成功のカギは、定価販売、5日間返金保障、欠陥車を2度と売らないための徹底した点検プロセス、販売車の価値を買い手に信用してもらう方法にある、と伝えたら、どうなるか。

そうアドバイスしたら、どんな反応が返ってくるだろうか。

その場から放り出されてしまうだろう。

20年前にこんなアドバイスをすることは、ほとんど異端だったからだ。

実際、ほかの中古車ディーラーが、カーマックスのこうしたビジネスモデルをせせら笑っていた時代があったのだ。

それがいまや、そのせせら笑っていたディーラーのほうが、カーマックスに合わせて自分たちのやり方を変えざるをえなくなっている。

どの業界も2つのタイプに分かれる。消費者の声に耳を傾けて行動する（「訊かれたことに答える」）企業と、現状維持の企業だ。

でも、歴史が繰り返し示してきたように、消費者の声に耳を傾けてビジネスモデルを変更する企業が、だれがなんと言おうと、その業界基準を設定する。ルールを決める側になる。

そして競合他社は、もちろん、そのルールに従わざるをえなくなる。

カーマックスのこのすばらしい成功例は、どんな業界にも応用できることがはっきりわかってもらえると思う。Ｂ２Ｂ企業でもＢ２Ｃ企業でも、企業規模、営業地域などに関係なく当てはめられる。

実際、わたしが経営しているコンサルタント会社セールスライオンが取引している（さまざまな業種の）多くの企業に対し、この「カーマックス効果」を何度も応用することで、驚くような成果をあげてきている。

簡単に言えば、いまの業界ルールを決めている好調企業は、消費者の不安を非常に気にかけていて、そうした不安に応じて事業モデル全体を方向づけている、ということ。不安やマイナス感情を購入プロセスからすべてぬぐい去ることができれば、信頼という感情だけが残ることをよく知っているからだ。

はっきり言って、信頼こそが、本書（そしてビジネス）のまさに要なのだ。

運輸業界で、ドライバーの評価づけや、利用者にとってはるかに便利な移動手段の提供でこれを実行したのが、ウーバー。

アパレル業界で、返品無料によってこれを実行したのが、ザッポス。

こうした例はいくらでもあるが、考え方はみな同じだ。

消費者が求めていることに、賢明な企業は応えている。その間に歴史が塗り替えられことも少なくない。

最後にもうひとつだけ、カーマックスの例を紹介しておこう。わたし自身、実際にその場で耳にしていなければ、とても信じられない話だ。

２０１６年初め、わたしはテキサス州ヒューストンにある会社に招かれて、そこの社員にカーマックスの事例を話した。話が終わると、その会社のオーナーが立ち上がってこう言ったのだ。

「マーカスさんがいま話されたとおりだ。わたしもカーマックスで車（しかもポルシェ！）を買ったことがある。でも、その週のうちに返品することになった。なぜかというと、うちの犬には気に入らなかったらしく、車に乗るとどうも落ち着かない様子なので、カーマックスにそう伝えて返品したんだ。まさか、本当に返金してもらえるなんて思わなかったけど、全額が記入された小切手が４日後には郵便受けに入っていた」

実に信じられない話だ。

だけど、語り草になる企業とはそういうものなのだ。

カーマックス、お見事！

実践しよう

「不安との健全な関係を作る」

不安との健全な関係を会社の指針にするといい。

これから説明する作業は超簡単だけど、驚くほど効き目があるから、とにかくやってみてほしい。わたしも実際にさまざまな企業でそうしてきて、大きな成果をあげている。

中古車の例のように、なぜ買ってもらえないのか、思い当たる理由（不安、心配、疑問、懸念材料）をひとつ残らず書き出してみよう。何がためらわせているのか。「購入する」のボタンのクリック、クレジットカード利用、小切手記入、をしづらくさせているものは何か。

ちゃんとやれば（同僚と一緒にやるともっといい）、少なくとも10や20は思いつくはず（残念なことに、このちょっとした作業にもてこずる企業が驚くほど多い。それもこれも、リードは何を考えているのか、というビジネスでもっとも重要な点に関心を持たなくなってしまっているからだ）。

不安や購入しない理由を全部書き出したら、次がとても重要なステップとなる。

そうした問題（不安、心配、懸念材料、疑問、反対意見など）のうち、自社ウェブサイトですでにきちんと対応しているものはいくつあるだろうか（2、3行程度の説明ではダメだ）。

営業プロセスで取り組んでいるものがいくつあるだろうか。

（まじめな話、ちゃんと時間をとってこのステップをおこなってほしい。そうしないと、肝心な点が理解できないばかりか、自社に関する興味深いことに気づく機会も逃してしまう）。

ウェブサイトに関して言えば、わたしがコンサルティングしてきた企業やブランドの大半は、対応しているのは問題全体の10～20％、と答えている。

つまり、企業の大多数は、買い手が抱えている大きな不安にきちんと対応する時間をとっていない（しかも、そうした問題の克服を、対面でおこなう営業に任せている）ため、それで毎年何百万ドルもの損失を出しているのだ。

そこで質問。いま書き出した問題のすべてに取り組み、しかもなくすことができるだろうか。その方法をぜひ見つけてほしい。そうすれば、あなたの会社が業界に革命を起こし、いままで想像もしなかった方法で刷新していくことになるだろう。

とにかくまずは、相手が抱えている差し障りを知ることへのこだわりから始まる。それから、それになんとか対処しようとする。

それが、「訊かれたことに答える」ということだ。

第9章
質問の5大テーマ

リバー・プール＆スパのウェブサイトで「訊かれたことに答える」ようにしてから2カ月もたたないうちに、違いがもう目に見えてきた。

毎週4、5本の記事をウェブサイトに掲載していると、検索者（家庭用プールを検索している人）も、検索エンジン（グーグルやヤフーなど）も、こちらの存在に明らかに気がつくようになった。トラフィックが増えてきたのだ。

リードが増えだし、しかもその多くは、サイトの記事をすでに読んで理解してくれているから、知識もあり有望だ。

実際、何件かが契約につながっていった。

会社は破産こそしなかったし、わたしたち（それに景気）もまだ長い道のりだったけど、前進しているのが実感できた。

これは非常にうれしかった。

「訊かれたことに答える」を開始してから6カ月ほどたったころ、アナリティクスを詳しく調べてみた。なにかパターンがあるなら知りたかったからだ。基本的には、効果があるもの、ないもの、そして、もっとも弾みがつき、成果につながっているコンテンツを知りたかった。

すると、とても興味深いことに気づいた。

サイト訪問者になんらかの影響を及ぼし、最終的にトラフィック、コンバージョン、リード、契約につながっていると思われるコンテンツ（つまり質問）は、基本的に次の5つのテーマに分類できたのだ。

1　いくらするのか
2　問題点
3　比較・対照
4　レビュー
5　種類別ベスト

この5つはなにも家庭用プール業界に限ったものではない、ということに、当時のわたしは気づかなかった。実際、この5テーマは、消費者であれ企業であれ、なにか購入しようとするときに一番調べられることなのだ。

すでに何度も触れてきたように、ここで説明していることは、B2BかB2Cかといったことには関係ない。わたしたちの調査が何度も示してきたように、すべてに言えるのだ。

この5つのテーマが業界の枠を超えるものだとやがて気づいたわたしは、これを「5大テーマ」と呼ぶことにした。その影響力の強さはいまも変わらない。

実は、この5大テーマに関してちょっとおもしろい現象が、企業と消費者とのあいだに見られる。

自分が消費者の立場のときは、なにかを購入する際、この5大テーマを気にすることが多い。それが、自分が企業の立場になると、こうした質問は無視したり伏せてしまったりすることが多い。そんな質問は消えてなくなってくれ、と思ったり、客と顔を合わせたときのみ答えればいい、と考えたりする。

つまり、ビジネス戦略が大きく矛盾しているのだ。「人からしてもらいたいように、人に対してもおこなう」を実践していないことになる。

この5大テーマをどう嚙み砕いて実行すればいいのか、とまどいを感じているかもしれない。この重要5大テーマに取り組む具体的な方法と、個々の事例を、次章以降に紹介している。最終的には、検索者にも、検索エンジンにも、信頼してもらえるようになるはずだ。

第10章 コンテンツテーマ1「いくらするのか」——なぜお金の話をしなければならないのか

いくらくらいするのか、ネットで調べたことがあるだろうか。

だれだって絶対にあるはずだ。

それなのに、企業のウェブサイトを調べても、取扱製品やサービスがいくらするか、情報がまったく見あたらないとなれば、どんな感じがするだろう。

がっかりするはずだ。

この質問を数え切れないほど多くの人に尋ねてきたが、回答の圧倒的第1位は「がっかりする」だ。そこでわたしはこれを「ネットのがっかり」と呼んでいる。

ともかく、この点をちょっと詳しく分析してみよう。

企業サイトで価格や料金情報がまったく見つけられないと、なぜがっかりするのか。

まず、検索の時間がムダになり、求めている回答が得られないことにがっかりするわけだ。

さらに、こう思う。**こっちは客だ！　金を払う以上、いくらするのか知る権利がある！**

この気持ちをさらに掘り下げていくと、**企業**が答えられることをこちちは知っているからこそ、腹が立つのだ。なにか**隠しているん**じゃないか、と勘ぐるようになるわけだ。

企業やその製品／サービスを調べていて、なにか隠しているな、と感じた瞬間、信頼できなくなってしまう。

とにかくまずは、探している情報が見つからず、がっかりしているときの行動をさらに分析していこう。

ここで、**価格がどこかに表示されていないか、このサイトをもう少しよく調べてみよう**、なんて思うだろうか？　もちろん、思わない。それどころか、探している情報がないサイトにいつまでも留まっているなんて、ネットの使い方も知らないのか、と小馬鹿にされているような気さえしてくる。

あるいは、**そうか、この会社は価格表示をしていないのか。きっと「価値」重視なのだろう。では、電話して訊いてみるか**、なんて思うだろうか。

やはり思わないだろう。昔だったら電話したかもしれないが、いまはちがう。

その企業のサイトをさらに調べたり電話して問い合わせたりするのではなく、さらに検索を続ける。ただし、ほかの企業を調べるのだ。

そうやって調べているうちに、この質問に答えている企業が見つかる。それがどういう企業であれ、たいてい、まずはそこに電話かほかの手段でコンタクトをとることになる。最終的に、取引もその企業とする可能性が高い。つまり、信頼を勝ち取るのはそういう企業なのだ。

こうした検索行動は、世界中のどんな企業や文化でも変わらない。消費者は答えを期待しているから、答えてもらえないと、カチンときて去る。**こちらの**問題に焦点を当て、隠し立てせず、誠実に教えてくれる企業を支持する。

というわけで、あなたの会社のウェブサイトは、製品価格やサービス料金の情報をしっかり表示しているだろうか。

わたしがこう問いかけてきたほかの大勢の人たち同様、あなたも、自社ウェブサイトで価格に触れるべきかどうかを考えながら、葛藤し始めているのではないだろうか。ひょっとしたら、頭のなかで内戦が起きているかもしれない。わたしが見たところ、自社ウェブサイトに価格や料金を表示しているのは、世界中のあらゆる（eコマース以外の）企業の1割に満たない。B2BかB2Cか、提供しているのは製品かサービスか、に関係なく、いくらするのか、という質問に答えている企業はごくわずかなのだ。

いったいなぜなのか。

なぜ（あなたの会社が残りの9割に入るとして）、自社サイトに価格や料金を表示していないのか。企業や国に関係なく、その理由は3つある。

1「ケースバイケースだから」
2「ライバルに知られてしまうから」
3「客に敬遠されてしまうから」

1 ケースバイケースだから

確かにそうかもしれない。でも、こうは考えられないだろうか。ネットを検索していて価格情報が見つけられなかったときに、こう思ったことが一度でもあるだろうか。**そりゃあ、価格表示なんてできるわけないよな。変動要素がいろいろあるんだから。**

あなたもほかの消費者とそう変わらないなら、価格が変動することなんて、どうだっていいはずだ。というか、常識的に考えて、それくらいわかっている。厳密な価格表示がムリなのはわかっているけど、だいたいこのくらいという、価格帯だけでもせめてわかるようにしてくれたらいいのに、と思うはずだ。

企業が自問すべきは、その変動コストを説明できるかどうかだ。どういう要因でコストが下がるのか、どういう要因がコストを押し上げるのか、説明できるだろうか。あなたの業界でコストに影響している要因の一切を、調べている相手（サイト訪問者、動画視聴者、その他顧客）にわかるようにできるだろうか。

自社の価格設定のしくみはもちろん、業界における価格設定のしくみもざっくり知ってもらいたい、と考えている企業なら、おそらくそうしているはずだ。

2　ライバルに知られてしまうから

この理由が一番笑える。ほとんどの企業はすでに、ライバル企業の販売価格を正確に知っているか、少なくともだいたいのところはわかっている。

つまり、隠すほどの秘密ではないのだ。

どの企業も、他社がどのくらいで売っているかを知っている。

「隠し味」と言っても、実際は単なる万能ドレッシングであることを、みんなが知っているようなものだ。

この理由をさらに掘り下げてみよう。理想的顧客に情報を教えることで、最終的に信頼につなげられるせっかくの機会なのに、なぜ、ライバルの存在にみすみす左右されるがままにしておくのか。

3 客に敬遠されてしまうから

ちょっと考えてみると、これは、「いくらするのか正直に伝えたら、取引してもらえなくなる」と言っているのと同じではないか。

でも、**自分が消費者のとき**、どう行動し、何を期待するか考えてみれば、客である自分が敬遠するのは、**価格表示していない**企業のはずだ。

この点をはっきり理解してもらうため、こう考えてみよう。今晩、友人を食事に連れて行く予定だとする。まだ行ったことがない店にするつもりだ。店に入る前に、主に2つのことを調べるはずだ。オンラインレビュー（イェルプなど）と、店のウェブサイトだ。

この場合、店のサイトを見る一番の理由は、料理メニューをチェックするためだ。

そのページには料理名しかなく、値段が表示されていなかったら、どうするだろう。

ほとんどの人は、その店には行かないはずだ。支払えないかもしれないからではない。値段が表示されていない、というだけで、消費者としての自分の心に疑念が生じてしまうからだ。

疑念を抱いてしまうと、購入の意思決定はしない・できない状態にほぼ必ずなる。

いくらするのかの話は、買えるかどうかではなく、消費者心理、つまり、信頼に関わることなのだ。しかも驚くことに、どの企業にもできることだ。それをいまから説明しよう。

第11章 いくらするのかの記事のおかげで、300万ドル超の売上に

プール屋として仕事をしていた頃、問い合わせの電話がかかってくると、最初に訊かれるのは、ほぼ毎回同じことだった。

「だいたいで結構ですから、いくらくらいするのか、感触だけでも教えてもらえませんか？あのときいくらと言ったじゃないか、なんて言いませんから」

ビジネスオーナーとして、こういう質問はうっとうしい、とずっと思っていた。こちらは製品の長所や特徴を説明したいのに、客はすぐ、いくらするのか知りたがる。

今なら、うっとうしいと思っていた自分がバカだったとわかる。逆の立場だったら、わたしだってやはり同じことを知りたいと思う。

つまり、消費者や買い手は、だいたいいくらくらいなのかを知ってからでないと、製品、サー

How Much Does a Fiberglass Pool Cost?

One of the first questions potential pool owners want to know when they call our company is : **How much does a fiberglass pool cost?** Although this is a very difficult question to answer, I will try to do my best here to explain some general pricing guidelines.

The purchase of a swimming pool is much like the purchase of a vehicle or even a home. With so many options available, price ranges can vary drastically. Just as a Ford F150 can start around 20k with just a basic package, it can quickly cost over 40k once a shopper adds such items as power windows, CD player, all-leather interior, chrome finishes, extended cab, 4-wheel drive, 4 doors versus two, upgraded wheels, dual exhaust, spray-on bedliner, built-in GPS system, etc, etc. Considering that the average American sells or trades in their vehicle

図11.1　ファイバーグラス製プールはいくらくらいするのか（2009年にウェブサイトに掲載した記事）

ビス、企業などについて、時間をかけて詳しく調べようとは思わないのだ。

　ビジネスオーナーとしてではなく、消費者として考えるようになった（「訊かれたことに答える」）わたしは、回答すべき最重要コンテンツのひとつに気がついた。「ファイバーグラス製プールはいくらくらいするのか」という問いに回答すればいいのだ。

　何年もの間、客と顔を合わせるまでは価格の話などしたくなかったのに、その考えを変え、記事を書き、自社ウェブサイトに掲載したのが、図11・1だ。

　この記事では、ファイバーグラス製プールの購入は、車の購入と似ている、と説明している。オプションやアクセサリーがいろいろあるからだ。そのひとつひとつを説明し、プールの購入を具体的に視野に入れられるようにした。

次に、会社が提供している数種類のパッケージの説明をしている。プールを地面に埋め込んでくれさえすれば、テラスもランドスケープも、ほかのものも一切いらない、という客もいれば、その対極を求める客もいる。つまり、埋め込み設置から、テラス、フェンス、ランドスケープなど、一式込みの完全引き渡しを希望する客もいるのだ。

それぞれの場合の価格帯をざっくり示し、1000ワード強で説明したあと、「いくらするのか」という質問に対する答えは、最終的には「ケースバイケース」としている。

すると、とても興味深いことが起こったのだ。

ウェブサイトに「ファイバーグラス製プールはいくらくらいするのか」の記事をアップしたのが2009年。当時、ほかの家庭用プール業者で、自社ウェブサイトでこの問いに答えていたところが何社あったと思われるだろうか。

ゼロと答えた人、正解。

1社もなかったのだ。世界中に数え切れないほどある家庭用プール業者が、1社残らずすべて、ダチョウさながらに頭を砂に突っ込んだままだったのだ。

もちろん、その理由はすでに説明したとおり。

1　ケースごとに異なるから、料金も変わってくる。
2　ライバルに料金を知られたくない。
3　料金を正直に知らせると、客に敬遠されてしまうのが心配。

この問いにどの企業も答えていない、という事実は、リバー・プール＆スパにとってビジネスチャンスのブルーオーシャンを意味した。この問いに隠し立てなく、正直に答えてくれるところを市場は強く求めていた。だから、うちの会社がそうしたのだ。

2つの面ですぐに反応があった。

この記事をサイトに掲載してから数日で、問い合わせ客と有望かつ有益なやりとりが増えるようになったのだ。いくらくらいかを説明してくれる企業を「ついに」見つけて感動した、とコメントしてくれた人も多い。

一方、グーグルなどの検索エンジンでは、さらに興味深いことになった。この記事をウェブサイトに掲載してから48時間以内に、ファイバーグラス製プールの料金についてネット検索すると、うちが常にトップ表示されるようになったのだ。実際にグーグルでは、次のいずれの検索フレーズでも、この記事が1位表示された。すべて、記事をアップしてからたった数日以内に起こったのだ。

■ How much does a fiberglass pool cost?（ファイバーグラス製プールはいくらくらいするか）
■ How much does it cost to install a pool?（家庭用プールの設置にいくらくらいかかるか）
■ Cost of in-ground swimming pool（埋め込み式プールの費用）
■ Fiberglass pool cost（ファイバーグラス製プール　費用）
■ Fiberglass pool pricing（ファイバーグラス製プール　価格）

こう思われるかもしれない。「それはいいけど、サイト訪問者イコール売上ではない。訪問者の獲得より、顧客の獲得のほうが難しい」と。

そのとおり。ここで説明しているのは、サイト訪問者を増やすことではない。実際、サイトを訪問してもらっただけでは経費は支払えない。**売上**につなげないとダメだ。

幸い、このサイトで利用していたツール（この場合はハブスポット）のおかげで、どうやってうちを見つけてもらえたのか、何を調べていたのか、わかるようになっていた。やがて、このたった1本の記事が、１００万人強の新たな訪問者をサイトに送り込み、そのうち何千人もがリードとなり、何百件も「見積依頼」が来たのだ。すべて、ファイバーグラス製プールの費用に関するフレーズを検索したのがそもそものきっかけなのだ。

ここで、検討すべき重要な問いがある。この記事を書いていなかったら、こうした営業アポがひとつでもとれていただろうか。もちろん、ノーだ。いくらくらいするのか、に触れていなければ、こうした潜在顧客がうちの会社を見つけてサイトを訪れてくれることなんて（かなりの確率で）なかったはずだ。でもこの場合、**うちはそのことにあえて触れていた。**そのおかげで、グーグルのような検索エンジンによって、この記事（それと当社ウェブサイト）が１００万人を超える潜在顧客に表示された。しかも、その多くが次のように考えられるようになったわけだ。

よし、ファイバーグラス製プールの費用がどういう要因で変わってくるのか、これでかなりイメージがつかめた。これならだいたい予想がつく。

これに伴って信頼感が生まれ、サイト訪問者の多くがやがて、プールの見積依頼フォームに記入してくれた。（いくらくらいするのか記事）からフォームに記入してくれた人を追跡し、誰が購入に至ったかがわかるから、それぞれの顧客価値がわかる。つまり、ファイバーグラス製プールの費用について説明した、あのたった1本の記事に直結できる価値だ。

極めつきはこれだ。２００９年にこの記事を自社サイトに掲載して以来、売上が３００万ドルを超えるようになったのだ。ダチョウのように頭を砂に突っ込んでいたら、絶対に得られはしなかった売上だ。

考えてみてほしい。この**300万ドルの売上**はひとえに、ファイバーグラス製プールの価格がさまざまな要素で変わってくることを潜在顧客に説明している、それだけの理由によるのだ。このたった1本の記事が会社を救った、と言っても過言ではない。それに、わたしの家庭も、ほかのふたりのビジネスパートナーとそれぞれの家庭も、そしてもちろん、従業員全員の雇用も守ったのだ。

おもしろいことに、ファイバーグラス製プールがずばりいくらするのか、具体的な値段は書いていないのだ。その問いに関してできるかぎり答えようとしただけだ。隠し立てはしなかった。家庭用プール業界全体の話を正直にしたまでだ。そうすることで、会社自体も、最終的にはわたしの人生も、大きく変わることになった。

これが、誠実さ、透明性、教える立場になることの威力なのだ。ところが残念なことに、ほとんどの企業、特にB2B企業は、価格や予算などお金に関することを自社ウェブサイトで率直に語る重要性をまだ認識していない。

前にも触れたように、わたしは現在、デジタルの営業・マーケティング代理店を経営し、世界中の企業が、信頼、トラフィック、リード、売上をもっと増やせるよう支援している。クライアントの半数以上がB2B企業だ。そして、クライアント全体の8割以上で、トラフィック、リード、売上の獲得に一番つながっているコンテンツは、お金、費用、そして、給与に関することなのだ（優秀な人材を雇いたいなら、給与に関する質問に答えるべきだ）。

繰り返すが、具体的な数字を示すことが重要とはかぎらない。その費用が上下する要因を教え、市場の感覚をなんとなくわかってもらえるようにすることが大切なのだ。

ここ数年にわたり、この価格の件について多くの企業から連絡をもらい、話を聞いてきた。結局は、具体的な料金をウェブサイトに表示すると、ライバルがそれより安くしてくるに決まっているから、表示するわけにはいかない、と言われる。これに対して、わたしはいつも同じ質問をしている。

「ライバル社の製品やサービスのほうが安くなるのはなぜですか？」

この返事もほぼいつも同じで、海外生産、低品質、顧客体験といったことが絡んでいる。

ここでもまた、わたしの質問はいつも同じだ。

「そうした要因までウェブサイトできちんと説明されていますか？」

ほとんどの業界で、顧客は購入の意思決定を的確にできず、「一番安い」製品やサービスを購入している。単に安いからではなく、ほかにいい選択肢を知らないからだ。教えられていないのだから。その業界のいい面、悪い面、厄介な面を、あえてきちんと説明しようとする企業がまったくないから。これもまた企業側の責任であって、顧客の責任ではない。

同様に、セールスライオンのクライアントで、具体的な価格をウェブサイトで説明しているところは例外なく、この戦略のおかげで、有望度がより高く、より質のいい案件を必然的に獲得できるようになっている。具体的な価格をサイトに表示しているおかげで、そもそもフィットするはずがない客とのやりとりが減るから、その分、理想的な客に詳しく説明することに専念できる。安ければいい、という考えではなく、ベストバリューのものを探している客だ。

要するに、お金に関して、頭を砂に突っ込んだダチョウになっていてはいけない、ということ。提供しているものがサービス、製品、価値など、なんであれ、この一番重要な問いに進んで答えなければならない。

あなたやわたしが何を考えているかじゃない。重要なのは、顧客が何を考え、どういう行動をとり、何を期待しているかだ。ここを肝に銘じておこう。

そこで質問。客の期待に沿う意志があるだろうか。

それとも、そういう質問には他社が答えればいい、と思っているだろうか。

客は答えてくれるところを探しているのだから、うちが答えよう、とは思わないだろうか。

実践しよう

「価格、コスト、給与など、お金の話に焦点を当てる」

ここでもう一度、この章で説明したことを尋ねておきたい。

この章を読み終えたいま、価格やコスト（なんなら給与）について、自社ウェブサイトで説明できそうだろうか。

断っておくが、「価格表」をウェブサイトに載せろ、と言っているのではない。主な質問である、いくらかということにしっかり取り組もう、と言いたいのだ。効果的に実践するには、次の作業を順におこなうといい。

1　主な取扱製品／サービスをすべて書き出す。
2　そのなかで、大きな売上につながるもの、企業として最大の機会になるものを特定する。
3　そのひとつひとつに、記事と動画を少なくとも1本ずつ制作し、コストに影響する要因、業界平均、自社の価格帯はどのあたりかを説明する。
4　そのコンテンツを自社ウェブサイトに載せる。それだけでなく、ホームページに「価格」

タブを用意して、それに関する質問に答えている記事や動画へ誘導するよう、強くお勧めする。

5　このコンテンツを営業プロセス全体ですぐ活用する（これはあとで説明する）。

第12章 事例1「B2Bテック企業が800万ドル超の売上増に」

すでに述べたように、「訊かれたことに答える」をそれぞれのやり方で採り入れ、目覚ましい成果をあげている企業の説得力ある事例を、本書のあちこちで紹介している。これから紹介するセグエ・テクノロジーズも、本書のあとのほうで出てくるさまざまな戦略を採り入れている。読み進めていったときに、この章があとの章で出てくる話の伏線だったことがわかる。最後にはすべてがあきらかになるはずだ。

いまの時代、テクノロジー業界ほど競争の激しいところはそうない。こうしたビジネスで際立つには、考え方も行動も、新たで独創的なやり方を採り入れなければならない。そうでないと、やがて忘れ去られてしまう。未来のビジョンがしっかりした、先を見越していた次なる企業に取って代わられてしまうのだ。

セグエ・テクノロジーズは、きちんと教えることや透明性の威力を、より効果的で新たなビジネス手法として理解し、業界で真っ先に、しかも一番うまく、実践し始めた企業の好例だ。

セグエ・テクノロジーズについて

セグエ・テクノロジーズは、アプリケーションの開発および支援を専門とする企業で、米連邦政府機関、民間企業、非営利団体などに、ＩＴ関連の課題解決を提供している。具体的には、カスタムのウェブアプリケーションの提供、データ管理の課題解決、モバイルワークの拡大支援などをおこなっている。

同社が目指しているのは、取引先がＩＴサービスをカスタマイズできるよう支援することによって、コストの削減、業績の向上、仕事の効率化につながるようにすること。

あらゆる課題に対応するひとつのソリューションを売り込むのではなく、それぞれに具体的なニーズをベースとしたソリューションをカスタマイズしている。

同社エグゼクティブ・バイスプレジデントであるロン・ノバックに、セグエがここ数年間でマーケティング活動とビジネスモデルを（Ｂ２ＧからＢ２Ｂへ）移行させながら、ＩＴソリューション業界の最先端を維持している様子を話してもらった。

当社はもともと、ウインドウズのデスクトップ型パソコン開発からスタートし、米空軍のソフトウエアの調達や予算見積を主におこなっていました。テクノロジーの急変化に伴い、ウエブアプリケーション開発もおこなうようになり、ビジネスを民間企業にも広げたほか、空軍だけでなく、海兵隊、海軍、陸軍とも仕事をするようになったのです。

2年間ほど、セグエは米国の軍事用ビジネスで楽々と成長していた。ところが、政府の予算削減で、同社は（B2G分野の多くの企業同様）、成長と進化を維持していくために、民間企業にもビジネスを広げていく必要性を認識した。再びノバク氏。

はたして民生用ビジネスもできるのか、確認のためにちょっと試してみたのです。幸い、かなり大きな取引先を獲得できました。スプリント、ファイブガイズ、ユナイテッド・ネグロ・カレッジ・ファンドなどが最初のクライアントです。取引先がかなり多岐にわたっていたおかげで、例の政府予算執行差し止め時期もなんとかしのぐことができました。

ノバク氏はすぐに、民間企業とのビジネスは、政府機関相手とはやり方が違うことに気づく。連邦政府から要請された仕事のほとんどは、広告などではなく、口コミや交流イベントへの参加を通じたものだったのだ。

2008年以前は、口コミ、オーガニック成長、交流イベントにほぼ限られていました。政府関連のビジネスは民間とはかなり異なります。当社のマーケティングも、担当者に直接会ってネットワークを広げ、関係づくりをすることだけだったのです。

多くの企業同様、セグエ・テクノロジーズにもウェブサイトはあったものの、たいして活用していなかった。民間企業分野に参入して成功しようとするなら、ウェブサイトやブログのコンテンツを充実させ、更新していくことで、同社のビジネスに価値がもたらされるはずだとノバク氏は考えた。

当社は、防衛システム請負業者のなかでは時代をやや先取りしていましたから、優れたウェブサイトと優れたコンテンツの価値は確かに理解していました。ただ、優れたコンテンツがどういうものなのかは、よくわかっていなかったのです。当時、ブログ記事を書いてはいましたが、かなり一貫性に欠ける内容でした。月に1、2本書ければいいほうで、コンテンツのベースとなる戦略が特になかったのです。もちろん、「訊かれたことに答える」とはほど遠いものでした。

そのための時間を割き、ブログ経由でウェブサイトへのトラフィックを増やそうとしてみたものの、期待していた成果にはつながらなかった。

それでも会社は成長していました。毎年成長はしていたのですが、そのほとんどが、通常の顧客ベースにおけるオーガニック成長のおかげでした。ウェブサイトで新たな顧客を獲得できることはめったになかったのです。たまに、おもしろそうな、しかもしっかりしたリードを獲得できても、ウェブサイト経由のリードからはほとんど成約に至りませんでした。政府向けではなく、民間企業向けのきちんとしたウェブサイトをそろそろ用意しなければならないときに来ていました。国防総省関連の組織の多くは、こちらのウェブサイトのことなんてそれほど重視していませんでしたから。いまでもそうです。いろんな面でまだ旧式なのです。それを、競合他社と差別化し、当社を業界リーダーとして確立し始める大きなチャンスだととらえたのです。

２０１２年夏、ノバク氏はあるイベントに参加した。そこで、コンテンツ、透明性、そして「訊かれたことに答える」の威力を説明しているわたしの講演を聞いたのだ。

マーカスの講演を聞いていて、パッとひらめいたのです。まず頭に浮かんだのは、自分はなんてバカなんだ、とっくの昔にそうするべきだったのに、ということでした。当社がウェブサイトを立ち上げてから10年以上たっていましたが、これをまだ実践していないなんて信じられませんでした。こんな簡単なことなのに、どうかしています。「訊かれたことに答える」は実にわかりやすい考え方です。ただ、実践するとなると、とにかくまだ一度もやってみたことがありませんでした。

こうして、２０１３年１月、わたしはノバク氏の会社のほとんどの人に会い、「訊かれたことに答える」の考え方と、これを採り入れることで全社的にはもちろん、社員ひとりひとりにも影響を与えうる威力があることを説明した。以来、ノバク氏は、あのときの研修会が重要な転機となり、同社のオンラインの各種取り組み、そしてビジネスモデルそのものが変わり始めたと考えている。
この研修会のあと、ノバク氏は早速、この新たな考え方に真剣に取り組むつもりであることを示した。社員全員に、コンテンツ戦略に貢献するよう義務づけたのだ。少なくとも3カ月に1本、年に4本のブログ記事を書くことが社員の任務になった。

社員全員を巻きこみたかったのです。うまく書けるようになるのか、長期にわたってずっと書いていけるのか、に関係なく、とにかくやってみたかったのです。もちろん、すぐ上手になり、楽に書ける人もいました。そこまで乗り気じゃない人や、書くのが苦手そうな人でも、その価値は理解していました。自分たちの書いた記事が上位表示され、そこからリードが得られるようになれば、なおさらです。

雪だるま式に増え始める

セグエが新たに集中しておこなった、このコンテンツマーケティングの取り組みは、わずかな期間で期待していたとおりの実を結び始めた。この成功に刺激された同社マーケティング部門は、顧客教育という、この新たなこだわりをさらに強化し、発展させていった。

かなりの急成長でした。この取り組みを始めるまでは、ウェブサイト訪問者が月1000人未満でしたが、あの研修会から3カ月で3万人を超えるようになったのです。2カ月たたないうちに、記事の数本がグーグルでトップ表示されたこともあり、みんな、がぜんやる気になりました。わたしには、こうなることは最初からわかっていたようなものの、やはり実際に目の当たりにすると驚きました。ファネルを改善し、リード獲得ページを最適化していくことで、リードの数が増えただけでなく、質もアップしたのですから。なにもかも進化していくのを見るのは実に楽しいものです。

セグエ・テクノロジーズの驚くべき成長

コンテンツマーケティングの取り組みを続けていくうちに、記事をただアップするだけではなく、一番理想的な顧客に理解してもらいたい具体的なメッセージをキュレートすることに重点を置くようになっていった。

やがて、問い合わせページを微調整しなければならないほどになりました。リードがどんどん入ってきても、そのすべてがフィットするとは限らなかったからです。トラフィックやリードの数だけ見れば、まさにうなぎのぼりでした。これだけ数があったからこそ、少し選り好みすることができたのです。たとえば、問い合わせフォームを変更したのもひとつです。予算を記入してもらうことで、当社のあらゆる価値を実質的に高め、理想的顧客にさらに注意を向けられるようにしました。こちらからの質問も増やしました。リードの数は減りましたが、質はどんどんよくなっていったのです。

コンテンツづくりのしくみを改善

こうして数多くの記事を蓄えた同社は、コンテンツの作り方を変えた。その後さらに推し進めて、古い記事やeブックのリライトに着手した。質を高めるためだ。

コンテンツ作りに着手したとき、研修生をひとり入れて、キュレート、オーガナイズ、編集の手伝いや、記事アップのスケジュール管理を担当させていました。彼女は優秀で、仕事ぶりも見事でしたから、コンテンツマーケティングマネジャーに昇格させました。彼女が実際にこの件の責任者です。こうした役割には専任を置くことが重要です。社員全員に書いてもらう記事の数はほんの少し緩くするようになりました。それまでの数年間で、相当な数のコンテンツを生み出していましたから、今度は伝えたい内容を絞り込むことに力を入れるようにしたのです。かつてほどブログ記事を毎月何本も出せなくても、内容をもっと深く考えるようになりました。それに、古いコンテンツを見直しての更新やｅブックの更新も着々と進めています。当社のさまざまなサービス分野に関するｅブック戦略があるのです。こうした作業に着手したおかげで、トラフィックだけでなく、リードの質が大きく向上するようになりました。特にここ半年は目を見張るものがあります。

企業の多くが、特定タイプのリードだけに絞るとトラフィックやリードジェネレーション全体を減らすことになり、ビジネスにとってマイナスになるのではないか、と危惧しているかもしれない。ただ、セグエは、こうした新たな取り組みが価値を加速度的にもたらしている、と考えている。

当社はほかと違い、新たな顧客を毎年どっと呼び込むような企業ではありません。民生分野では特にそうです。新規顧客が毎年4〜6社も獲得できれば、相当なものです。取引金額がかなり大きいからです。**1取引で通常、25万ドルから100万ドル程度あります。**

優れたコンテンツと「訊かれたことに答える」の威力を本当に理解している企業は、コンテンツをサイト訪問者の呼び込みに活用して終わりにせず、営業ファネルの各段階でも引き続き活用している。メール、電話、ウェブセミナー、研修など、なんであれ、有望リードを購入まで導くうえで、自社コンテンツが持つ重要性を、セグエのような企業は認識しているのだ。

思いがけない分野でもコンテンツをずっと活用しています。それは、駆け込み提案期間、と呼ばれる、毎年7〜8月です。この間、米政府、特に国防総省は、政府会計年度末である9月30日までに使い切ってしまわなければならない予算をかなり抱えています。非常に忙しくなる時期で、提案要請に当社が応える際、ブログ用に作ったコンテンツを提案に活用するようにしています。すでにさまざまな質問を考え、答えているからです。すでに出来上がっているコンテンツを活用することで、提案に肉づけして早く仕上げるのにたいへん役立ちました。

業界のその他大勢との差別化につながっている要因がもうひとつある。他社が答えたがらないような質問、特に、第9章で触れた5大テーマにも、決して敬遠することなく、応える記事をずっと書いてきていることだ。

いまでこそ、それほど大胆には思えないかもしれませんが、2013年当時、わたしが「How Much Does It Cost to Build a Mobile App?（モバイルアプリの開発コストはいくらぐらい？）」という記事を書いたところ、2週間もたたないうちに、グーグル検索で1位表示されたのです。それ以来、ほかの人たちも書くようになりましたが、当時はまだ、だれもそのことに触れようとしませんでした。ほかにも、「どっちがいいの？」という質問に対するさまざまな記事で、アップル用の当社のiOS主力開発者と、グーグルアプリ用アンドロイドのある開発者が論争に火花を散らした一連の記事もあります。ほかにも、コメント欄の議論が活発で、かなり堂々巡りになっているコンテンツもあります。「Waterfall vs Agile: Which Is the Right Development Methodology for

Your Project?（ウォーターフォールかアジャイルか。うちのプロジェクトに合った開発手法はどっち?·）」と題した記事には、両サイドから多くの人が、かなり激しい議論を戦わせることになりました。

セグエはこうした一切を通じて、業界における第一級の教育者、そして第一人者としてのブランドを確立し続けている。現在、同社は業界の最先端を維持し、際立った存在を保っている。すべては、このビジネス哲学に取り組んだおかげなのだ。その取り組みから生み出されたコンテンツの数を見ても、当分の間トップを走り続けるだろうとわかる。

インバウンドマーケティングと「訊かれたことに答える」を始めた頃、ウェブサイト訪問者は月に1000人ほどでしたが、先月は8万5000人でした。インバウンドマーケティングに直結できる売上をすべて追跡し始めたところ、805万3442ドル31セントでした。しかも2013年以降だけでこの数字ですから、かなりすごいと思います。

800万ドルの売上増?!

確かに、すごい。

ロン・ノバクとセグエ・テクノロジーズのみなさん、おめでとう。

第13章
コンテンツテーマ2「問題点」
――弱みを強みに変える

5大テーマ（目に見える変化を生む、どの業界にも共通するコンテンツ5テーマ）の1つめをカバーしたから、次のテーマ、問題点へ移ろう。

「問題点」ってどういうこと？ と思われるかもしれない。

わかりやすく言うと、こうだ。人は、買い物をするときに、うまくいくことより、いかないことのほうを心配する。これは事実だ。したがって、たとえば、2017年モデルのフォードマスタングの購入を検討している人がよく調べる検索フレーズは、「2017年フォードマスタング　評価」や「2017年フォードマスタング　マイナス評価」などになる。

一方、まず**調べられない**のが、「2017年フォードマスタング　**プラス**評価」だ。

もうおわかりだろう。あなただって、消費者のひとりとしてこれまで、プラスではなく、「マイナス」評価の言葉で数え切れないほど検索してきたはずだ。

買い手としては、いい点、悪い点、厄介な点をすべて知りたいが、一番気になるのは厄介な点なのだ。

これは、プール屋だったわたしにも言える。ちょっと想像してみてほしい。プール屋だった当時のわたしに、ファイバーグラス製プールの見積をあなたが依頼したとする。プールはもちろん、わたしのことも気に入ってくれたあなたは、買おうかな、という気になっている。ただ、念のため、もう1社から見積をとることにした。ここはコンクリート製プールを扱っているから、社名をコンクリートジョーとでもしておこう。

あなたがここの営業担当者に会ったとき、ファイバーグラス製プールを扱っているわたしとも話をしたことを伝えたら、その担当者からどんなことを言われると思うだろうか。

当然、次のようなことを言われるはずだ。

■「ファイバーグラス製は、幅も、長さも、深さも、ぜんぶ中途半端です」
■「カスタマイズできません」「割れます」「地面から出てしまいます」
■「ファイバーグラス製はやめておいたほうがいいですよ！　まともなプールですらないんですから。バスタブを庭に置くようなものです！」

きわめつけに、こう言われるかもしれない。「ファイバーグラス製のプールなんて、次から次へと問題ばかりで、それはもう大変ですよ。問題を抱えたくなければ、やめておくのが賢明です！」

大げさだと思われるかもしれないが、本当だ。プールを販売していた数年間、数え切れないほど実際にあったことなのだから。

こう言われたあなたは、ジレンマに陥る。ファイバーグラス製プールも、わたしのことも、気に入ってはいるけど、コンクリートジョーの話を聞いてしまうと、そうした問題が生じることを心配し、とまどってしまう。

そこで質問。**次にどんな行動をとるだろうか。**

もちろん、友人に相談する人もいるかもしれない。でも、一番やりそうなことは、「ファイバーグラス製プールの問題点」といったフレーズで、ググることじゃないだろうか。

第14章
業界のタブーを取り上げる

プール屋として働き始めて以来、よく訊かれる質問のひとつが、「実際どうなの？　ファイバーグラス製プールの問題点は何？」だった。

わたしはずっと答えを言い繕っていた。いくらくらいするのか、と訊かれたときと、まったく同じだ。でも、「訊かれたことに答える」の考え方を採り入れてからは、**言い繕うのはもうやめよう**、と自分に言い聞かせた。そして、ビジネスパートナーのジェイソンが「ファイバーグラス製プールの問題点と解決策トップ５」と題した記事を書いたところ、それが会社ウェブサイトの一大ヒット記事となったのだ。

そんなタイトルで記事を書くなんてどうかしている、と思われるかもしれない。実際、同業者の多くからそう思われた。でも、見方をこう変えられないだろうか。この質問にウェブサイトで答えている同業他社が何社あるのか。もちろん、１社もない。

一方、その答えを知りたがっている消費者はどのくらいいるのか。

ほぼ全員が知りたがっている。

こうした質問に対し、明らかに見て見ぬふりをしようとする理由は、結局、ほとんどの企業がジレンマを抱えている心理的な問題にたどり着く。それは、業界のタブーを取り上げる、ということだ。

ここに、いまのデジタル時代における最大級のジレンマがある。消費者はバカじゃない。なにも知らないわけじゃないのだ。

製品、サービス、ブランド、その他に問題があると思えば（それが正しかろうが、そうでなかろうが）、まず間違いなく調べようとする。

企業として、あなたはどちらを選ぶのか。

■　消費者自身がそうしたタブーを見つけるまで放っておき、信頼を失う。
■　実店舗でもバーチャル店でも、客には問題点をすぐに伝え、確認をとる。

わたしたちが書いた記事は、次のような内容だった。

ご存じでしょうか。ファイバーグラス製プールは万人向きではないかもしれません。

幅、長さ、深さがもの足りないとお感じになる方もいます。ご希望どおりのカスタマイズはできないかもしれません。でも、手入れが簡単な一生使えるプールをお探しで、当店がご用意できる形状とサイズにお好みのものが見つかれば、ファイバーグラス製プールこそ、ぴったりの選択だと言えるでしょう。

第15章 問題点に触れることで、50万ドル超の売上に

ファイバーグラス製プールの問題点に触れた記事への反応は、いくらするのか、に触れた記事に対する反応とよく似ていた。いずれの場合も、感謝され、最終的には信頼につながったのだ。

前回同様、言葉にすれば、きっとこんなふうに言っていたに違いない。「この質問に**答えてくれるところ**がようやく見つかった！」

この記事を掲載してどうなったか。手っ取り早く言うと、この6年間で26万人以上がうちのウェブサイトを訪れてくれた。いずれも、ファイバーグラス製プールの「問題点」に関する検索をおこなったからだ。「見積依頼」フォームに記入してくれた訪問者はひとりひとり追跡できるから、掲載以来、この記事1本が、50万ドルを優に超える売上に直結したこともわかる。

問題点（短所やマイナス評価など）に触れることが、いったいどうして50万ドルもの売上につながるのか、不思議に思われるかもしれない。でも、答えは実にシンプルだ。業界のタブーに

触れただけでなく、それを認めて受け入れたからこそ、信頼してもらえたのだ。そのこと自体の力なのだ。

最後にお尋ねしたい。製品やサービス、あるいは会社に関して、ありうる問題点について質問されたことが、この数年間でどのくらいあっただろうか。

そうした質問をされたということは、ほかにも相当数の人が、同様の質問をネット検索しているのはまず間違いない。しかも、その回答を他社から得ていることも間違いない。そうした回答をあなたの会社から得てもらったほうがよくないだろうか。

実践しよう

「問題点を強みに変える」

これまでのほかの作業同様、この作業も、リードや取引先の考え方にぴったりと波長を合わせていないとうまくいかない。また、正直に回答しない場合もうまくいかない。

まずは、次の（関連性の高い）2つの質問に答えてほしい。

1　自社の製品／サービスで、他社から指摘されているマイナス点はなにか。
2　自社の製品／サービスで、消費者や買い手からマイナスだと思われている点はなにか（一番高い、特定アプリでしか使えない、など）

答えたら、こう自問しよう。**こうした問題点に、自社ウェブサイトと営業プロセスで正直かつ透明性を持って取り組むことで、それを強みに変える方法はないだろうか。**この問題にきちんと取り組んで答えれば、ブランドや会社にとって、かなりすばらしい成果につながるはずだ。

第16章
事例2「中小企業が業界大手を打ち負かす」

「訊かれたことに答える」なかでも特に、業界の「問題点」に取り組んで大成功した、スマーターファイナンスUSAのロブ・ミシェロフの例を紹介しよう。

ミシェロフ氏は、個人経営の金融ローン情報企業を、2年ほどで、インバウンドリードと売上獲得のパワーハウスに転じるという、奇跡をやってのけている。その間、ゴリアテさながらの金融大手業界におけるデジタル版ダビデとして、ライバルの巨大企業よりも敏捷に、機転を利かせ、より創造的なサービスを提供している。

ミシエロフ氏は、役立つ情報、大胆な透明性、彼独特のユーモアを取り混ぜたユニークな手法をウエブサイトコンテンツに取り込むことで、利用者の啓蒙や、自社成長をうまくおこなっているばかりか、そのこと自体を楽しんでいる。

そして、優れたコンテンツで成功しているほかの多くの企業と同様、ミシェロフ氏もまた、たまたまこの考え方に出会ったようなものだった。

スマーターファイナンスUSAについて

ミシェロフ氏が最初に事業を始めたのは、2003年、リバースモーゲージのDMを扱う小さな会社を立ち上げたときだった。「持ち家はあるが、現金が少ない」高齢者を対象に、DMを発送していた。

住宅資産を活かしつつ、ローン返済は死亡時まで延ばせる機会を提供することで、高齢者の暮らしを手助けしている手応えを感じていたミシェロフ氏は、自分の仕事に満足していた。高齢者はリバースモーゲージを利用することで、「持ち家があるのに、食料品か薬かを選ばないといけないという、苦しい選択をしなくて済むのです」とミシェロフ氏。ところが2013年、取扱ローン商品が変更になってうまくいかなくなり、急遽、新たなビジネスを探さなければならなくなった。

かつてはDMが非常にうまくいっていたため、新たな市場さえ見つけられれば、そこでニッチ市場を簡単に生み出せるから、なんとかなる、と思っていた。

元従業員から、設備資金融資業界の話を聞いたミシェロフ氏は、この業界のことを調べ始めた。既存の企業のことを知り、非常に不安な要素に気づいた。

DM会社を経営していてよかったのは、得意先のほとんどが善良な人たちで、利用者のためを思う業界だったことです。ペテン師なんてほとんどいませんでした。一方、設備資金融資業界は、利用者の話を聞くと、ブローカーや貸し手に騙されてばかりだと言います。なかには、トラック運転手に融資のことなんてどうせわかりはしないからと、なんとでも好き勝手に説明している企業もあったのです。

ミシエロフ氏が携わりたいのは、問題解決を本当に支援するビジネスであり、「零細企業オーナーから金を巻き上げるような人を支援するつもりはありませんでした」。

この強い思いを胸に、2014年1月、ミシエロフ氏は、スマーターファイナンスUSAを立ち上げることを決心した。設備資金を融資してもらいたい零細企業が、よく理解したうえで申込を決断できるよう、必要な情報を十分に提供することで支援するのだ。

ところが、すぐに気づいた。DMを活用して新たなリードを呼び込むかつての得意戦術が、リバースモーゲージのようにはうまくいかないのだ。そこで、新たなビジネスで存在感を示そうとするスタートアップ企業の多くがそうするように、ミシエロフ氏もウェブサイトを始めた。

ビジネスを立ち上げたのが2014年1月末で、リードが必要だと気づきました。そこでまず、広告メールを何度か送ってみましたが、あまり効果がありませんでした。次に、PPC広告（グーグルアドワーズなどの、ペイ・パー・クリック）を始めたところ、リードはある程度獲得できても、クリックごとに支払う金額には見合いませんでした。この手法で、1ページのランディングページへ誘導し、そこでリードを得ることはできても、融資を求めている人にすぐ信頼してもらうのはなかなか困難です。こちらはまったく知られていないのですから、なおさらです。

「訊かれたことに答える」を採り入れたスマーターファイナンスUSA

「訊かれたことに答える」の考え方がミシェロフ氏の目にとまったのは、まったくの偶然だった。ある晩、遅くまで起きていたとき、だれかの投稿リンクで、わたしが書いたeブック『Inbound and Content Marketing Made Easy（インバウンド&コンテンツマーケティングは難しくない）』を知り、妻子も休んでいるし、ざっと目だけ通しておくか、と思ったそうだ。

結局、その晩に最後まで読んでしまいました。本を読んで、「これはまさにわたしの人生を変えるものだ」と思ったのは生まれて初めてです。なぜそこまで確信できたのか、自分でもわかりませんが、とにかく確信したのです。まさにこれだ、と。

その数日後、ミシエロフ氏とわたしは電話でその目標について話をし、いろんな意味で、この分野の中心的存在になれるよう、戦略を練った。

コンテンツマーケティングや「訊かれたことに答える」考え方がミシエロフ氏に響いたのも、当人がずっと感じていたこと、同業他社に欠けていたことを要約するものだったからだ。それは、**オンライン融資情報サービスに真実と誠実さを取り戻す**、ということだ。しかも、これまでにない最高のやり方で、そうするつもりだった。

ミシエロフ氏は単に経済的成功を求めたわけではない。困難な状況にある人が最善の支援を得られるよう手助けしたい、という稀に見るタイプなのだ。そうすることで、その人がなんとかうまく事業を回せるように願っているのだ。

設備資金融資をネット検索する零細企業の啓蒙に力を注ぐ、スマーターファイナンスUSA

ミシェロフ氏はまず、同業他社の多くが提示している金利に見られる、不誠実な態度を払拭する狙いで記事を書き、設備資金の融資を検索している人が詐欺にあわないよう、丁寧に説明した。

設備リースの賛否両論、融資詐欺を簡単に見抜く方法、ほかにも、設備リース業界に一般的に見られる問題点の詳しい説明に焦点を絞った。たとえば、こんな記事タイトルがある。

- ■「ゴーキャピタルの評価――この会社は合法か？」
- ■「マーチャントキャッシュアドバンス（その他、悪徳貸付業者）から抜け出す5つの方法」
- ■「重機資金ローン会社の5つのウソ」
- ■「厨房設備リースの5つの詐欺」
- ■「ジム用設備リース――フィットネス設備ローンの実際の費用」
- ■「トラックファクタリング優良企業の本当の評価」

■「プライベートビジネスローン――大手が知られたくない5つの秘密」
■「建設業者ローン――建設業の資金融資7とおり」
■「中小企業タームローンかマーチャントキャッシュアドバンスか――ベストはどちら?」
■「毎日支払う事業用ローン――そもそも意味があるのか?」

実に不誠実な業界です。規制されていないので、客に平気でウソをついているのです。グーグル検索でトップ表示されているところですら、そうなのですから。業界大手のなかには、「当社の金利は5%」と、うたっているところもあります。ところが、設備資金融資をネット検索しているような人が、その5%金利の基準を満たすことはまずありません。ネットで融資を探している中小企業オーナーにとって、そんな金利は存在しないも同然なのです。

真実と詐欺を明らかにすることに焦点を当てたことで、ミシェロフ氏は、業界のタブーをあえて取り上げてくれたとして、どんどん敬意を得るようになっていった。その過程で、驚くほどの信頼も得た。実際、詐欺に関する記事を読んだ人がミシェロフ氏に連絡してきて、リース会社からの契約書を送り、妥当かどうかと尋ねてくることが多くなった。

「なかにはとんでもないデタラメ契約書もあります。金を騙しとろうと企んでいるのです。自分が身を置いている業界でこんなことがまかり通っているなんて、本当に許しがたいです」

ミシエロフ氏は、オンライン設備リース業界についての誤解を解くことを使命とし、わずか2年ほどの間に、各種設備向け融資を得る方法を詳しく説明した膨大な記事や動画を制作した。ダンプカー、リムジン、食品トラック、キッチンカー、溶接機器、業務用ゲーム機、フォークリフト、カイロプラクティック機器など、中小企業が融資を必要としそうな設備や機器ならなんであれ、そのための融資を受けられる方法を記事に書き、徹底的に役立つ情報をありのままに、そして時にユーモアを交えて伝えることに心を砕いた。

毎日記事を書いていると豪語するコンテンツマーケッターもいるが、自分は記事1本に最大3日はかけて取り組んでいることを誇りにしている、と言う。「ネットに数多あるなかでも最高の記事」になるよう、念を入れているからだ。

キーワード価値が非常に低い（検索する人が多いとはかぎらない）テーマを取り上げ、そこから大量の記事を組み立て書いています。自作のインフォグラフィックも豊富ですし、動画のほか、ありとあらゆる素材を組み合わせています。自分が書いた記事はすべて、リードを何年にもわたって生み出してくれるはずだからです。目先のことだけを考えて書いているわけではありません。こうした記事がグーグルで上位表示されるのは、いまはある意味簡単ですが、それは、競合他社がいまだに従来のやり方をしているからです。あと2、3年もすれば、そうした競合他社もコンテンツを作り、利用者からの質問に答える必要性を痛感するようになるはずです。でも、時流に乗る頃には、どんなに大きな組織であれ、わたしを引きずり下ろすのはかなり難しくなっているはずです。

スマーターファイナンスUSAの啓蒙コンテンツが大きな見返りとなっている

ミシエロフ氏のこうした取り組みは、トラフィック、リードともに増加として現れている。たった2年足らずで、サイトのトラフィックは約2、3カ月ごとに倍増、当初は数百人ほどだったのが、2015年後半には2万5000人を超えるようになった。さらにこの間、サイトの連絡フォームに記入した新規コンタクト先が2600件を上回っている。

ミシエロフ氏自身、毎月入ってくるリードの数に愕然とし、ひとりではとてもすべてに対応しきれないことにまもなく気づく。

ほとんどの場合、こうしたリードを担当することすら、もうありません。ウェブサイトから毎月500件以上のリードが入り、さらに100~200件の電話問い合わせがあります。ひとりで仕事をしていますから、こうしたリードは、一番合いそうなほかの2、3社に委託するようにしています。

具体的な費用対効果を訪ねると、ミシェロフ氏はこう答えた。

2015年1月（約6カ月後）、こうした取り組みが初めて売上につながりました。2015年第1四半期は、最終的に、取引を6件まとめ、融資合計額が22万ドル、最終収益は1万1846ドルでした。大した額ではありませんが、これだけ稼ぐことが可能だと確認するには十分でした。

2016年第1四半期、30件の取引、204万5000ドルの融資、最終収益14万4112ドル。このうちかなりの額を提携先の企業に渡しましたが、それでも手取りで5万5000ドルの利益になりました。

人を雇い、ちゃんとしたオフィスを借りて仕事をすれば、案件のほとんどを自社で扱えて、利益の大半を手元に残せることはわかっている。ただ、すっかりなじんできたいまのライフスタイルを維持するほうが大事なのだ。

リードにお金をかけていないときは、こう自問しなければなりません。「関心があるのは、利益を最大にすることか、それとも自分の幸せか」。わたしの答えは、「とにかくインバウンドのやり方でやりたいだけ」なのです。オフィスを開設し、人をたくさん雇ったり、電話に1日かかりきりになったり、毎日車で通勤したりするのは嫌なのです。自宅で仕事をしているときは、短パンにTシャツ姿です。ストレスは一切ありません。気をもむことがなにもないからです。

それだけではない。ミシエロフ氏は、多くの企業とちがい、ネット利用者とやりとりする際、いまの自分の規模が非常に好都合だと常々感じている。会社規模が大きくなってくると、なにかと事務が増えてくる。ミシエロフ氏は、そうではなく、自分が話したいことがあればその話をするし、なにかやってしまいたければ、そうする。

ネットで成功するのは難しいとか、巨大企業でないとムリだとか言う人もいますが、バカバカしい！　利用者のことをよく考えればいいだけの話です。相手が考えたり、尋ねたり、経験したりしていることを理解し、それに果敢に取り組むのです。この考え方のおかげでいまのわたしがあり、すばらしいライフスタイルにつながりました。

すばらしいライフスタイル、さらに、競争が非常に激しいニッチ市場にもかかわらず、ひとりの人間にできることのすばらしい一例だ。ただ、ロブ・ミシェロフにとっては、すべてごく当たり前のことなのだ。

第17章 コンテンツテーマ3「比較・対照」

コンテンツ5大テーマの3つめは、「比較・対照」だ。

消費者は比較・対照が大好きだ。最高、最低、その中間、すべて知りたがる。しかも、世界中のあらゆる情報がすぐ手に入る現代では、こうした欲求がさらに顕著になっている。

あなたが最近した大きな買い物をちょっと思い出してみてほしい。検討した選択肢はひとつだけか、それとも複数だっただろうか。ほとんどの人が、購入を決める前に複数の選択肢を調べ、それぞれ比較したうえで、自分のニーズに一番合いそうなものをひとつ選ぶ。そうやって最終的に決めたはずだ。

あなただけじゃない。毎日何十万件もの比較がネット検索されている。

わたしがプール屋だったときもそうだった。うちの最大のライバルは、ファイバーグラス製プールを扱っている他社ではなく、コンクリートやビニールライナーの埋め込み型プールを扱う会社だった。ファイバーグラス製は言ってみれば「新参者」だったから、ほかのタイプのプール会社から、欠陥商品、品質が劣る、安っぽい、「あんなものはプールじゃない」などと、批判されてばかりいた。

実際、何年もの間、検討中の客から一番よく訊かれた質問が、「ぶっちゃけ、なんでコンクリート製じゃなくてファイバーグラス製なんですか」だった。

ほかのプール会社もそうだったが、わたしも長い間、この質問にウェブサイトで触れることはなかった。ファイバーグラス製プールのことだけを説明し、それでよしとしていた。後から思えば実に愚かだった。

誤った情報、正確ではない情報を他社から聞かされたために、うちを検討対象から外した人がどのくらいいたか、想像もできない。さらに、ファイバーグラス製プールに明らかに向いていない客への電話や対面での応対で、時間をどれだけ無駄にしたかもわからない。相手がなにもわかっていなかったからこそ、相手もわたしも時間を無駄にしたのだ。

企業として「訊かれたことに答える」と決めたからには、この大きなテーマに取り組まなければならないことは明らかだった。ただ、実際にわたしたちの背中を押したのは、ウェブサイトを見たある人から送られてきた次のメールだった。

ご存じだと思いますが、家庭用プールの情報検索は実に不毛な作業です。ネットを調べても、役立つ情報がなかなか見つかりません。掲示板はいくつか見つけましたが、そのほとんどが、ガナイト（コンクリート）対ファイバーグラス対ビニールライナーの議論が延々と続くだけで、荒れている状態です。それぞれのプールの詳細だけを説明し、あとは干渉せず、最終判断はわたし（やほかの客）に任せてくれる、偏りのない情報ページがあれば大変助かるのですが。

このメールや、これと同じような質問を過去数年間にわたり何百回とされてきたことから、わたしたちはついに、ウェブサイトに記事を載せた。タイトルは「ファイバーグラス製プール、ビニールライナー製プール、コンクリート製プールの正直な比較（Fiberglass Pools vs Vinyl Liner Pools vs Concrete Pools: An Honest Comparison）」だ。

このときもまた、この質問に応えたのはうちが初めてだった。

なぜうちが初めてだったのか。

答えは簡単。どの会社も、消費者が本当に知りたがっていることよりも、自分たちの不安や不備な点にばかり目が向いていたからだ。

ファイバーグラス製プールの設置業者のロジックは、まさに次のとおり。

最大のライバルはコンクリート製プールだ。したがって、この問題に対処するには、うちのウェブサイトでコンクリート製プールのことに一切触れなければいい。ウェブサイトに書いていなければ、そんなものがあるとは誰にもわからないはずだ。

嘘みたいだけど、本当にこう考えているのだ。

こんなロジックで、ファイバーグラス製プール設置業者は長年やってきたのだ（いまでもそういう会社は少なくない）。

でも、ご想像のとおり、家庭用プール業界のこうした例は、世界中のほかのどの業界でも同じように起きている。ダチョウマーケティングの典型だ。

問題（つまり質問）を見て見ぬふりすれば、消えてなくなる、と考えがちだが、消えはしない。信頼を台なしにしてしまうだけだ。

消費者の無知を利用した営業・マーケティング戦略は、もはやうまくいかない、と肝に銘じなければならない。

選択肢、セール、割引、ブランド、テクノロジー、方法などがほかにもあることに、見込客や取引先が気づくことはない、なんて思っているのなら、考え違いもはなはだしい。

最初は無知（情報不足）な消費者かもしれなくても、やがては情報通の買い手になるかもしれないのだ。実際、販売店や営業担当者以上に詳しくなる人も少なくない。

それが、このデジタル時代の現実だ。

だからこそ、これまでとは異なる基準でビジネスしなければならないのだ。**ほかにもありうるソリューション、販売店、競合他社など、見込客や取引先はひとつ残らず知っていることを前提にすべきなのだ。**そう考えて会社を経営し、営業やマーケティングのメッセージもすべてこの考え方に合わせて企画すれば、可能性はまさに無限だ。

比較記事の成果

では、家庭用プールのすべてのタイプを正直に比較した結果、どうなったか。

お察しのとおり、検索者（消費者）にも検索エンジンにも、このコンテンツを大変気に入ってもらえた。

この記事を掲載すると、家庭用プールの購入を検討していた人たちから、賞賛の言葉がたくさん届いた。タイプ別プールを「偏りなく」評価している記事をようやく見つけてすごくうれしい、と言ってもらえた。さらに、プールのタイプ別の違いをしっかり理解している人が増えたおかげで、電話問い合わせが劇的に減り、「不向き」な客、つまり、ファイバーグラス製プールが明らかに向かない客とのアポも、かなり減るようになった。

さらに、「難しい」とされている質問に答えているうちの姿勢に、検索エンジンもまたもや報いてくれた。いまでも、次のフレーズでグーグル検索すると、うちのウェブサイトがトップページに表示される。

- ■ファイバーグラス製プール対コンクリート製プール（Fiberglass vs. concrete pools）
- ■ファイバーグラス製プール対ビニール製プール（Fiberglass vs. vinyl pools）
- ■ビニール製プール対コンクリート製プール（Vinyl vs. concrete pools）
- ■コンクリート製とファイバーグラス製プールの比較（Concrete compared to fiberglass pools）
- ■コンクリート製とビニールライナープールの比較（Concrete compared to vinyl liner pools）

この記事は掲載以来、数十万ドルの売上を生み出している。しかも、何年にもわたって作成してきた比較ベースのコンテンツはほかにもたくさんあるのだ。それもこれも、この手の質問が実に多いからだ。「で、○○と□□はどう違うのですか？」

実践しよう

２つ以上の比較に関してこれまでに訊かれたことがある質問をすべて書き出そう。製品、ブランド、やり方、企業などの比較が考えられる。自社の取扱製品やサービスだけでなく、扱っていないものが含まれる場合もあるだろう。いずれにしても、今、よく調べられて（検索されて）いる、比較ベースの質問を数多く検討することが重要だ。すべて書き出したら、ブログ記事、eブック、ウェブセミナーなど、デジタルマーケティング活動を通じて、その質問に正直に隠し立てなく答えよう。

第18章 偏りのないコンテンツが絶対不可欠

講演などで、よくある比較の質問に答える必要性を話すたびに、こんなふうに言う人が必ずいる。「そんな質問に企業がきちんと答えるなんてムリ。どうしても偏ってしまうし、それは消費者もわかっている」

はっきり言って、こうした考えは根本的に間違っている。

消費者は、この手の質問を企業がどう考えているか、**すごく知りたがっている**。でなければ、そもそも尋ねたりしない。

なのに、企業の反応ときたら……。ここでは、大げさに自慢ばかりしたい気持ちをぐっとこらえて、自社（あるいは製品やサービスなど）がなぜ最高にすばらしいのか、その理由だけに焦点を当てるべきなのだ。

具体的にどうすればいいのか。読み手（あるいは視聴者）にすぐ信頼してもらいつつ、どうせ偏っていると思われがちなこのハードルを乗り越えるには、どうすればいいのか。ここで、ファイバーグラス製、コンクリート製、ビニールライナー製のプールの比較記事の例に戻ろう（あるいは動画でもいい。両者はある意味でよく似ている）。こういう記事を適切に書こうとするなら、次のようなものになるだろう。

当リバー・プール＆スパには、「コンクリート製とファイバーグラス製はどう違うんですか？」というご質問が毎年寄せられています。もっともなご質問です。違いを知りたいお気持ちはよくわかります。プールはご家庭でずっと使うことになりますから。当リバー・プール＆スパはファイバーグラス製しか取り扱っておりませんが、実を言うと、ご家庭によってはこれが最適とは言えない場合もありうるのです。実際、コンクリート製かビニールライナー製のほうが向いているお宅もあります。それぞれのタイプのいい点、悪い点を、正直に包み隠すことなく、これから説明していきます。これで、最終的に、どのタイプがお宅に最適かがわかるはずです。

「武装解除」で信頼をすばやく築く

いま紹介した記事冒頭の根底にあるのは、わたしたちが世界中のクライアントとともに何度も活用してきた「武装解除」の考え方だ。これは、オンラインでもオフラインでも、真のコミュニケーションや文章などで、おそらく一番理解しにくいところかもしれない。

この武装解除の考え方を理解してもらうため、人質をとっている犯人と交渉しているところを想像してみてほしい。ベテラン交渉人であるあなたは、まず、銃を手放すよう犯人に要求する（たいていの場合）。

そうしたセリフを映画で見聞きしたことがあるはずだ。信じられないかもしれないが、これは営業やマーケティングでも非常に重要な意味を持つ。

理由は簡単。人質がいる状態で、武器を手にした相手と意思疎通するのはまずムリだし、ましてや信頼を得ることなど不可能だからだ。

相手が武器を手放してしまえば、交渉プロセス（信頼構築）を始められる。

うそみたいだが、営業やマーケティングもこれと同じなのだ。事態進展と信頼獲得のためには、相手を武装解除させることが欠かせない。この企業の言っていることは偏っている、と買い手が思っている場合はなおさらだ。

たとえば、ファイバーグラス製とコンクリート製のプールを比較した記事を（先ほどのように）書く場合、まず、業界のタブーを破らなければならない。わたしなら、次のようにする。

1　まず、うちではファイバーグラス製プール**しか**扱っていないことを説明する。
2　次に、ファイバーグラス製が万人向きとは限らないことを認める。
3　コンクリート製のほうが向いている場合もあることを説明する。
4　それぞれのいい点、悪い点を誠実に説明している記事（あるいは動画）を見てもらえれば、最善の選択ができることを説明する。

冒頭からこのように書いてあると、読み手はその企業やブランドの誠実さをすぐ感じる（それに、こんなのほかに例がない、と思う）から、記事内容をさらに信用する。

比較説明するときは、ほかの選択肢のいい点も必ず探すべきだ。裏表両面見せることで、こちらの言っていることを信用してもらえるようになる。**客のことを真剣に考えてくれている、**と思ってもらえるようになる。それこそが、武器解除の本質だ。

ただし強調しておきたいのは、武器解除の考え方は、なにも自社ウェブサイトで説明する場合だけではなく、はるかに広く応用できるということ。基本的に、これが客からの質問に取り組む当社のやり方であり、対面でもオンラインでも、ほかの状況でもそうしている。

例として、オフライン場面を検討してみよう。商談で説明をひととおり終えたところだとする。かなりの時間を割いて、特徴、ベネフィット、引き渡すもの、相手が得られる成果など、一切を説明した。相手は、あなたからの提案に対してなんらかの決断をするときだと自覚している。でも、あなたの求める返事はまだ聞かせてもらえない。相手は椅子の背にもたれかかり、腕組みをして（典型的な守りの姿勢だ）、さらに質問してくる。

「なるほど、たいへんよくわかりました。ただ、最後にひとつだけ質問があります。**御社**でなければならない理由はなんですか？」

こう訊かれた営業担当者は、ほとんどの場合、自分たち（会社、製品、ソリューションなど）が最善の選択肢である理由をただちに詳しく説明する。ただ、コミュニケーションの真の達人には、この質問が自己防衛から来ていることも、その回答が質問者の予想どおりであることも、わかっている。

実は、ここで武装解除させるための最善の返答は、これとはまったく逆なのだ。

> そうですね、きわめて率直に申し上げて、御社にとって当社が最善の選択肢、ではないかもしれません。これまで、御社のニーズや現状についてお話を伺い、それに対す

る当社のご提案をご説明して参りました。他にも数社から提案を受け、料金比較も済んでいるでしょうから、現時点でおそらく、だいたいの感触はつかんでいらっしゃるのではないでしょうか。そこで質問ですが、いまご説明したことを踏まえて、当社が最善の選択肢だとお考えでしょうか。

これに対する回答で、ほかのどんな説明をするよりも、相手のことが非常によくわかるはずだ。買い手や消費者は、こうしろ、これを買え、と言われるのを嫌がる。自分にはちゃんと知識があるから、しっかり理解したうえで結論を出せる、と考えたがる。いまのデジタル時代に抜きん出ている営業担当者や企業は、この現実を理解し、受け入れているのだ。

第19章
コンテンツテーマ4&5「レビュー」と「種類別ベスト」

本題に入る前に、ちょっと断っておきたい。この章で説明することは、企業や消費者を啓蒙するやり方として、一般的なアプローチとはかなりかけ離れている。ビジネススクールでは教わらないし、普通のやり方ではもちろんない。

でも、だからこそうまくいくはずだ。このデジタル時代に成功するビジネスの革新的な手法は、結局、人があまり通らない道を行き、ついに新たな道を切り開き、「すべき方法」に新たな見方をもたらすときに繰り返し生まれるのだから。

そこを理解してもらったうえで、コンテンツ5大テーマの最後の2つ、「レビュー」と「種類別ベスト」について説明しよう。

前章で触れたように、消費者や買い手は比較が大好きだ。みんなに支持されている企業、そうでない企業、それぞれのライバル企業など、すべて知りたい。

レビューも読みたがる。

イエルプやアンジーズ・リストのようなサイトもそうだし、『モータートレンド』が発表しているカー・オブ・ザ・イヤーなど、とにかくランキングが気になるのだ。

「訊かれたことに答える」を２００９年に採り入れるようになって以来、ビジネスオーナーの端くれとして、さまざまな業界で成果をあげているコンテンツのタイプを調べ始めたところ、ある興味深い結論に至った。

イエルプやカー・オブ・ザ・イヤーに相当するものが、ファイバーグラス製プール業界にはなにもなかったのだ。

にもかかわらず、この業界は自動車業界によく似ていた。プールの骨組みを作っているのはひと握りのメーカーで、ファイバーグラス製プール業界のトヨタ、フォード、シボレーといったところ。こうしたメーカーのプールが世界中のプール設置業者に流通している。当リバー・プール＆スパも含めてほとんどの設置業者は、こうしたメーカー１、２社と取引し、他のメーカーと競い合っている（自動車業界と同じ）。

ここでわたしが気づいたのは、どのメーカーが一番いいのか消費者が知りたくても、きちんとした情報が得られるところがまったくない、ということだ。

また、そうしたメーカーのプールのなかで、どのモデルや形状がベストかを知りたくても、やはり、役立つ情報がまったくなかった。

この頃、わたしはまた「訊かれたことに答える」の核となる原則に立ち返り、こう思った。

消費者は家庭用プールのランキングを知りたがっている。自分のニーズに一番合う形状や寸法のプールはどれなのか、当然知りたいはずだ。客が求めている情報を提供するのがわたしの仕事だ。

こうして、実際に提供したわけだ。

２０１１年はじめ、この種のコンテンツを試してみた記事のタイトルが「２０１１年ファイバーグラス製プールのベストデザイン賞（The Best Fiberglass Pool Design Awards for 2011）」。

この記事を書くために時間を割いて、各メーカーを調べてみた。各社が製造しているプールのデザインをすべて調べあげ、その形状、寸法、ユニークな特徴に注目した。

次に、こうしたすべてのプールをデザイン別に分類した。「キドニー型ベストプール」「フリーフォームのベストプール」「ダイビング型ベストプール」など。

それから、その特徴ある形状ごとに「ベスト」だと思うメーカーに賞を贈る記事を練り上げた。

このこと自体は別に目新しくない、と思われるかもしれない。でも、「デザイン別ベスト」賞でわたしが公表したメーカーは、うちが設置業者として日頃競合している企業だったことをひとこと添えておきたい。

この記事がウェブサイトに掲載されたときの、こうしたメーカーの反応が想像できるだろうか。もちろん、非常に驚かれたし、賛否両論さまざまだった。

リストに掲載されたメーカーの多くが連絡してきて、取り上げてくれてありがとう、と礼を言われた。

リストに漏れたメーカーからは、電話でこう言われた。「おたくのベストプールのリストに当社が入っていませんが、一度、工場見学に来ませんか？」

もちろん、一切連絡してこなかったメーカーもある。いずれにしろ、結果は変わらない。この記事が出るまで、わたしの存在はこうしたメーカーに知られていなかった。だれも知らない、31歳かそこらの若造で、バージニア州にある家庭用プールの小さな販売会社の共同オーナーにすぎなかった。

それが、あるオープンフォーラムにわたしがこの記事を掲載したところ、注目が集まっていることを知り、気づかざるをえなくなったのだ。

もっと面白いのは、デザイン別ベスト賞を受賞したことを、自社ホームページに載せているメーカーもあったこと。

この記事は消費者からもとても喜ばれた。希望やニーズに最適なプールを選ぶのに役立つ情報がついに得られたのだ。

この記事のおかげで大きな成果につながったため、同様の記事を毎年掲載し、いずれも圧倒的な成果をあげている。また、リバー・プール＆スパのブランド、オーソリティー、消費者からの信頼の構築にも引き続きつながっている。

ファイバーグラス製プールのデザインに関連したことをいまネット検索したら、うちのこうした記事が上位表示されるはずだ。

もっといいのは、こうした記事のおかげで何百というインバウンドリンクがほかのウエブサイトから年間を通して入ってくること。その多くは、わたしたちが日頃競っているメーカーのウエブサイトからだ。

実践しよう

「他社にスポットライトを当て、照会ネットワークを構築する」

レビューを効果的に活用する方法をじっくり検討しよう。コンテンツになりそうな「種類別ベスト」がなにかないだろうか。２つの違いを訊かれたことが一度でもあれば、まず間違いなく見つかるはずだ。

また、業界内、あるいは類似業界内のすべての企業が照会元となる可能性も考慮しよう。相手が実績のあるきちんとした企業なら、どういう企業か、売り物は何か、なぜ市場で一目置かれているのか、にスポットライトを当てる方法を見つけよう。重要なのは、自社の位置付けだ。業界のある分野の専門であるのはもちろん、業界外にも目を配っているから、消費者にとって一番重要なことについて、意見、専門知識、見識があることを印象づけよう。

第20章 レビューを活用し、エキスパートになる

レビューベースのコンテンツで照会元ネットワークと業界でのオーソリティーを確立する方法に触れたところで、さらに型破り（人によっては衝撃的）なブランドおよびビジネスの構築方法を検討していこう。これは、「訊かれたことに答える」の本質を示すものだ。

客からこう言われたことはないだろうか。「お宅のことは評価していますし、取り引きできればと思っていますが、万が一そうならない場合、ほかにオススメのところはありますか？」

長年商売をしている人ならおそらく、この手の質問をされたことがあるはずだ。こう尋ねられて、ほとんどの企業は当然、「うちみたいなところはほかにありませんよ！」と答えることもご承知のとおり。

この答えに相手が、**おいおい、そんなはずないだろうが**、と思うに決まっていることまで、あなたもわたしも十分承知している。

4年ほど前、ある夫妻との商談に2時間ほど費やしたことがある。わたしが提案し終えると、こう訊かれた。「たいへん気に入りました。本当です。たぶんお宅にお願いすることになると思います。でも、仮にですが、もしお宅にお願いしない場合、ほかのどこならオススメですか?」

ああ、営業が一番訊かれたくない質問だ。

この契約はとれなかった。ただ、家まで車を運転する時間だけはたっぷりあった。運転中、この質問や、「訊かれたことに答える」ルールについて、いろいろ考えた。よくよく考えてみて、心のなかでこう思ったのだ。**とにかく、相手が訊いてきた以上、答える必要があるんじゃないかな。**

その日の深夜、帰宅するとすぐ食卓で、「バージニア州リッチモンドでおすすめのプール設置業者(レビュー/ランキング)」というタイトルで記事を書き、自社ウェブサイトに掲載した。本当におすすめできる設置業者を5社挙げておいたのだ。

先へ進む前にちょっとお尋ねしたい。このリストに自社(リバー・プール&スパ)を入れたと思われるだろうか。

ノーと答えた人、正解。それってどうかしているんじゃないか、と思われる前に、自社をリストに含めなかった理由を分析してみよう。

まず、言うまでもないが、おすすめリストに自社を入れた時点で、信頼を一切失ってしまうからだ。それまでに見込客となんらかの信頼を築いてきたとしても、そうした時点で吹っ飛んでしまう。本書のそこかしこで立証しているように、一番重要なのは結局、信頼。だから、おすすめリストに自社を入れなかったのだ。

さらに、こう考えてみてほしい。この記事を読んでいる人はどこにいるのか。そのとおり。すでにうちのサイトにいる。つまり、当社はすごい、と証明する必要はないのだ。相手が自分で気づくのだから。こちらを気に入るかどうか、結論はすぐに出る。この場合、あなたがいまグーグルに「バージニア州リッチモンド　おすすめのプール施工業者（Best Pool Builders Richmond, Virginia)」と打ち込んだとしよう。これは、この地域で家庭用プールの購入を検討している人によく利用されるフレーズだ。打ち込むと即、この記事が表示される（このフレーズでグーグル検索すると1位表示）から、クリックして読む。

すると、このような文章が目に入る。

> 当リバー・プール＆スパでは毎年、バージニア州リッチモンド地区で１００世帯はゆうに超えるご家庭に、埋め込み式家庭用プールの設置についてお話ししています。当サイトを通じて、プール施工に関する当社の考え方をご存じの方が多いため、よくこう尋ねられます。「この地域にはほかにどういう施工業者、ライバル会社がありますか？」競争相手について率直にお答えすることを避けるわたしではありませんから、

そうした会社のリストを提供しましょう。いずれも、このリッチモンド地区で、埋め込み式家庭用プール施工の実績があるところばかりです。

自社がいかに優れているか、自社ウェブサイトのどのページでも伝えようとしている企業は多い。実際には、あなたの会社がすばらしいなんて（しかも当事者から）聞きたがる人などいない。そんなことより、仕事ぶりを見て、実際どのくらいすごい会社なのか、自分で判断したいのだ。

あなたならどうだろうか。家庭用プールを探していて、この記事を読んだとしたら、この会社にどんな印象を持つだろうか。信頼できそう？　誠実？　まさにプロだ、とさえ感じるのでは？

この3つの問いすべてに、そうだと答える人がほとんどだ。当事者が言わなくても、プロであり、業界のソートリーダーだと感じてもらえるのだ。質問に対し、誠実に隠し立てなく答える姿勢を示したからであり、そんな企業は業界でほかにないからだ。

ここで話は、武装解除のところで伝えたことに戻る。これこそ、コンテンツマーケティングの本質なのだ。

誠実さと透明性は自明であり、正しい意図でおこなえば、ビジネス、ブランド、利益に多大な影響を持つのだ。

第21章 競合他社に言及する効果

「バージニア州リッチモンドでおすすめのプール施工業者（レビュー／ランキング）」の記事は最終的にどういう成果につながったのか、と思われているかもしれない。

あっさり言うなら、意味深い成果があった。

まず、前にも述べたように、「バージニア州リッチモンドでおすすめのプール施工業者」に関することをグーグル検索すると、うちの記事が最初に表示されるのだ。

でも、2番めの表示結果もまた、たいへん興味深い。

ネット検索で「プラモルプール　バージニア州リッチモンド　レビュー」と打ち込んだとしよう（プラモルはリッチモンド地区でうちの最大のライバル会社）。これで検索しても、最初に表示されるのはやはり、うちの記事なのだ。

それどころか、競合他社のレビューを検索すると、いまもたいてい、うちのウェブサイトの

（すでにたくさんある記事の）いずれかを目にすることになる。いずれも、ベター・ビジネス・ビューロー（米国商業改善協会）やアンジーズ・リストといった、さまざまな業界の評価情報を所有しているサイトより上位に表示されている。住宅リフォーム業界では特にそうだ。

以上を総体的に理解してもらうため、あるエピソードを紹介しよう。数年前にうちからプールを購入してくれたある女性の話だ。うちから買う、と決めてくれたときに、こう言われたのだ。

面白いこともあるものですね。プラモルプールで買うつもりだったの。でも、契約書にサインする前に、この会社のことをネットで調べておこうと思って。で、検索したらすぐ、おたくのこの記事が目に入ってね、こう思ったの。**まあ、この人たちはなんて誠実なのかしら。ここにも電話してみなくちゃ、ってね。**

その結果どうなったかは、すでに説明したとおり。この女性は、5万ドルの家庭用プールをうちから購入してくれた。これもすべて、よくある質問をこの女性も抱えていて、それに誠実に隠し立てなく答えていたのが、うちだったからだ。

この記事を掲載した年、このちょっとした記事が15万ドルの売上につながった。今もなお、バージニア州リッチモンドのおすすめプール施工業者をネット検索すると、うちの会社が上位表示されるはずだ。

いまあなたはこんなふうに考えているかもしれない。**そうかもしれないけど、ライバル会社の存在を客に知らせてしまうじゃないか**、と。それが心配なら、ひとつはっきりさせておこう。ライバル会社を知りたいと思ったら、見つけるまでにどのくらい時間がかかるだろうか。遅い人でも、5秒程度だ！

これが現実。消費者の無知はもはや、営業・マーケティング戦略としてうまくいかないのだ。とにかく、うまくいかない。

客がいずれライバル社のことを知るようになることも、埋め込み式プールには3種類（コンクリート製、ファイバーグラス製、ビニール製）あると知るようになることも、わたしにはわかっていた。さらに、こうした質問に答えることで、こちらの存在すら知らないまま終わっていたかもしれない人たちと取引するチャンスにつながることもわかっていた。プラモルプールに決めかけていた先ほどの女性の例が、まさにそうだ。うちがその質問に答えていたおかげで、この女性や、ほかの多くの人たちとのやりとりにつながったのだ。

このように、「訊かれたことに答える」に大胆に取り組んだことが、いまも実を結んでいる。毎月必ず、新たな取引につながっている。

最後に、こうした記事にライバル社はどんな反応をしたのか、という問いには、ここ何年もほぼ同じ反応が返ってきていることをお伝えしておこう。

「なぜこんな記事を書いたのかわかりませんが、とにかく感謝します」

「訊かれたことに答える」のごく単純な威力や効果がわかっているわたしは、含み笑いするしかない。

実践しよう

「レビューベースや種類別ベストのコンテンツを作る」

業界のトップライバルや競合他社を書き出し、そのなかのおすすめ企業について記事を書こう。自社ウェブサイトで競合他社に触れる場合は、事実だけにして、個人的意見を挟まないよう気をつけること。重要なのは、そうすることで、他社のことにも忌憚《きたん》なく触れ、業界で信頼される情報源となることだ。

第22章
事例3「独立系家電店が大きな利益をあげる」

家電業界で最大のオンラインリーダー企業はどこか、と尋ねられたら、普段よく目にしている、ゼネラル・エレクトリック（GE）、ワールプール、ケンモア、フリジデールといった主要メーカーを思い浮かべるのではないだろうか。いずれも数億ドル規模のこうした企業が、少なくとも理論上は、デジタル分野を「押さえて」いて当然だ。

ところが、驚くことに、家電関連情報で消費者が頼りにしているのは、こうした主要メーカーのいずれでもないばかりか、そもそも、メーカーですらない。家電についての疑問に答える記事、動画、バイヤーズガイド、eブックなど、役立つ情報提供で大儲けしている会社は、マサチューセッツ州ボストンにある、独立系の家電販売店なのだ。

イェール家電店について

イェール家電店は、1923年以来ずっと、電化製品や照明器具の販売およびアフターサービスをボストンで提供している。1920年代後半から1930年代初めにかけての大恐慌、90年代半ばのドットコムバブル、2008年のグレート・リセッション（金融危機）をことごとく耐え抜いてきた。

地方のいち家電店がこれほど長期にわたってビジネスを続けられているのはなぜか。同業他社の多くが、不況期に廃業に追い込まれてきているのだ。答えは簡単。消費者に目を向け、その習慣、問題点、ニーズに、きめ細かく配慮するようになったからだ。

イェール家電店CEOのスティーブ・シャインコフは、コンテンツマーケティングの重要性を早くから認識していたビジネスオーナーの典型だ。あれは、2004年開催のカンファレンス「イン・プラネット」でのことだった。

イン・プラネットはわたしが参加してきたなかでも、まさに最高のカンファレンスでした。ハブスポットのカンファレンスもすばらしいですが、イン・プラネットは未来を予言するものでした。たとえば、「ソーシャルメディアは企業が活用する域にはまだ達していないが、まもなくそうなる」というようなことも言っていましたし、企業がすべきこととして、まず、オンラインでの評判をうまく活用し、次に、消費者とやりとりする方法を見つける、といったことも学びました。

2007年、スティーブは、イェール家電店のブログを開始し、家電品に関するネットでのやりとりで主導権をとり始めるべきだと決断。従来型広告の効果測定の可能性にはかねてから不信感を抱いていたため、コンテンツマーケティングなら費用対効果がはるかに大きく、具体的な数字による成果測定が可能である点で、チャンスだと考えたのだ。

それから4年間、オンラインでの成果は満足いくものだった。ソーシャルメディアの広がりとともに、毎月のトラフィックが（わずかながらも）着実に増えていった。

従来のアウトバウンド広告は個人的には好きではなかったが、利用せざるをえない、と思うときが何度かあった。

広告に乗り気だったことは一度もありませんが、それでも、ラジオやテレビコマーシャル、「ボストン・グローブ」紙には広告を出していました。かなりの広告費を投じていました。グレート・リセッションのときに読んだのですが、冷蔵庫は大恐慌のような不況期のほうが売れるというので、広告をさらに打ちましたが、まったく効果がありませんでした。

グレート・リセッションで、スティーブは、ビジネスの目標と計画の再評価を迫られる。

景気後退で苦労していた時期、どの企業も問うべき2点を、うちでも考えざるをえなくなりました。「支出をどうやって減らすか」と「収益をどうやって増やすか」です。そして結局、もっと売り、もっと人を減らさなければならない、という同じ答えに行き着きます。これはかなり難しいことです。心ある人ならだれでも、人員削減はしたくありませんから。

こうした厳しい不況期、スティーブは、自社のインバウンドマーケティング戦略が期待したほどの成果にはつながっていない理由を詳しく調べてみることにした。その答えを求めてネットで調べてみたのだ。

CEO自ら事業開発の指揮をとる

ハブスポットに関する記事を読んでいたスティーブは、リバー・プール＆スパの例をたまたま目にし、著者であるわたしに連絡をとってみることにした。従業員と研修会を持つことで、インバウンドマーケティングの取り組みを好転させられるのでは、と考えたのだ。ところが、わたしとの1回めのやりとりは、スティーブが思っていたようにはいかなかった。

マーカスとの最初のやりとりは、まったくひどいものでした。自分では、うちのブログはかなりいい線いっている、と思っていましたから、ほんの少し手を加えれば改善できるはず、程度に考えていたのです。そこで、うちのブログを読んでもらうべくマーカスに送ったところ、まあなんというか、叩きのめされたわけです。「ブログに真剣に取り組んでいることはわかりますが、正直言って、やり方がよくありません。研修で話し合うのは、すでにできている点についてではなく、やり方がまずい点と、それをどうすれば改善できるか、になりますが、それでもよろしいですか?」なんて言われて、あやうく電話を切ってしまうところでした。

この発言には、著者として、そしていまやスティーブとすっかり仲良くしている者として、笑ってしまった。実際、スティーブのコンテンツ戦略は大外れもいいところで、「訊かれたことに答える」のほぼ対極だったのだ。家電について消費者が尋ねたり、考えたり、検索したりすることには焦点を当てず、記事のすべてが（消費者ではなく）企業の視点で書かれていた。だから、まったく弾みがつかなかったのだ。（これは世界中の企業にきわめて共通して見られる。コンテンツマーケティングでインバウンド文化を採り入れてはいても、教える、手助けする、問題を解決することだけに焦点を当てるやり方ではなく、相変わらず営業ベースの偏ったやり方なのだ。）

幸い、スティーブは、イエール家電が取り組んでいたコンテンツマーケティングに対するわたしからの誠意ある批判を、最終的には受け入れてくれた。さらに数回やりとりをしてから、わたしのクライアントやリバー・プール＆スパに非常に効果のあったコンテンツマーケティング手法、「訊かれたことに答える」を教えに来てくれ、と依頼された。

こうして、２０１１年初めにイエール家電で研修をおこなったあと、スティーブと従業員は、コンテンツマーケティング戦略に新たな情熱と決意で取り組み始めた。今度は、はっきりした方向性と達成可能な目標がある。

スティーブのコンテンツマーケティング新計画には、会社の全体目標の再評価も含まれていた。こうした目標を達成するには、客のことを第１に考え、役立つコンテンツをつくり、購入を決定する際の助けとなる必要性がある、と気づいたのだ。特に、５大テーマに関心を持ったスティーブは、「家電版イェルプ」的存在になるには、同様のテーマに取り組まなければならないことを理解していた。イエール家電がこの戦略を採り入れて以来、掲載したブログ記事のなかで、特に人気の高いものをいくつか紹介しよう。いずれも10万を超えるビューがある。

■カウンターデプス冷蔵庫ベスト5
■アフターサービスが最小限で済む／最も信頼できる家電ブランド２０１５年版（レビュー／ランキング）
■コンパクト洗濯機２０１５年ベスト（レビュー／ランキング／価格）
■デシベル値による一番静かな食洗機（レビュー／価格）
■手の届く高級家電ブランドベスト５（レビュー／ランキング）
■キッチンエイドとボッシュの食洗機比較（レビュー／ランキング／価格）
■フロントロード式洗濯機２０１６年ベスト（レビュー／ランキング／価格）
■ボッシュの食洗機ベスト５（レビュー／ランキング／価格）
■ＩＨクッキングヒーター２０１５年ベスト（レビュー／ランキング／価格）
■30インチ型プロ用ガスレンジベスト（レビュー／ランキング／価格）

自分が書くコンテンツのタイプを工夫するだけでなく、スティーブはさらに、コンテンツ制作を全社的方針にした。コンテンツ制作を義務化する、と従業員ハンドブックに記載したのだ。

文章が下手な人もいることは承知しています。それでも、従業員全員に取り組ませる利点は、ブログ記事をなんとかして書こうと努力しているうちに、上達していくはずだからです。あるトピックを1カ月もかけて調べれば、何を書けばいいか、わかってきます。そうなれば、人にも説明できるはずです。

調べものと記事執筆、新アイディアの草稿づくり、動画撮影への参加など、従業員全員がコンテンツ制作に関わることを会社方針にしたとはいえ、イエール家電のコンテンツの大半はスティーブ自身が書いたもので、その数1600本を超える。

なぜCEOがコンテンツ制作にそんなに力を入れているのか、よく疑問に思われたものです。従業員が140人もいるのだから、任せればいいのに、というわけです。実際、後悔し始めました。でも、アン・ハンドリー（『コンテンツマーケティング64の法則』『お客が集まるオンライン・コンテンツの作り方』の著者、ともにダイレクト出版）と話をしたときに、いいことをしている、「事業開発をされているのですから」と言われて、わたしも「そうだ、それこそわたしが本来やるべき仕事だ。わたしは事業開発をしているのだ」と思い直したのです。書いた記事のなかには、1、2万回読まれているものも何本かあり、一番多いものは80万回を超えています。広告したって、こんなには読んでもらえないでしょう。だから、わたしが書くのです。事業開発はわたしの仕事ですから。

マーケティングの取り組みをリターゲットしたことで、イエール家電のウェブサイトのトラフィック、リード数、顧客数、売上は驚異的な割合で伸び始めた。２０１１年から現在にいたるまで、ほぼ毎年のように倍増し、２０１６年には月間平均トラフィックが60万ビジターを超えるようになった。

さらに難しい質問に取り組むイエール家電

イエール家電の成功の大部分は、できるだけ詳しい情報に基づいて購入を決められるよう、消費者にとって本当に役立つ記事を書く、という断固たる取り組みのおかげだ。そうすることで、主要メーカー数社から怒りを買うことになってもだ。

メーカーに嫌がられる記事に興味があれば、「修理最多／頼りにならない家電5ブランド」を読んでみてください。製品購入プロセスがどういうもので、どういう問題が起こりうるか、ひとつひとつ段階を追って説明しています。うちは、家電品を販売したらそれで終わりではなく、アフターサービスもおこなっていますから、実際に保守点検したときのデータを見れば、点検や修理が一番多いブランド、型番、モデルがわかるわけです。

ちょっと考えてみてほしい。

小売業で、自社が取り扱っているブランドや製品の、良い点、悪い点、厄介な点を包み隠さず公表しようとするビジネスオーナーが、いったいどのくらいいるだろうか。

保守点検の頻度が非常に高い製品もある、と認める人が、どのくらいいるだろうか。

そうした特定の家電品の問題点を思い切って具体的に伝えようとする人が、どのくらいいるだろうか。

答えはもちろん、ほぼゼロだ。

でも、それこそが、イエール家電のように並外れた成果をあげているところがほかにない理由なのだ。つまり、家電品に関することなら、消費者から世界一信頼される情報源になるべく、焦点を置いているからだ。それ以外のことは、なるようになる、と考えているのだ。
たとえば、透明性と率直さへのスティーブの取り組みは、顧客にはあたたかく受け入れられているが、こうした記事が大手メーカーに気に入られるとは限らない。実際、その正直なレビューに対し、訴訟を起こすと脅されたことも一度や二度ではない。

記事内容のことでわたしを訴える、と企業から脅されたこともありますが、心配はしていません。書いている内容は事実で、それを裏付けるデータもありますから。だから、企業が脅してきたときは、こう言ってやるんです。「どうやら、うちの証拠データを一式、お見せしたほうがよさそうですね。ただし、そちらにも同じことをしていただきますよ。おたくの証拠データも見せてください」とね。うちのデータが正しい以上、データを示そうとする企業は1社もありません。

スティーブは、自分が書いた記事は、大手家電ブランドによっては辛辣に思われるかもしれないが、メーカーに製品の向上を促すきっかけになる、と考えている。

わたしは見たままを伝えているだけです。製品をつくるのはわたしの仕事ではありません。メーカーは、問題点を指摘している忠告に従って、故障しないように作り直せばいいのです。訴えると脅してくるなんて、愚かもいいところです。ほかの人も言っていることを伝えに来ただけの人を攻撃してどうするんですか。記事にしたことでわたしを非難するなんておかしな話です。忠告を素直に聞き入れて、製品を改善するべきです。でっちあげ話でけなしているのではないのですから。そんなことをするのは無責任です。わたしが心がけているのは、事実と誠実さなのです。

インバウンドマーケティングで成功しているイエール家電

家電品に関する、事実、誠実さ、透明性に基づいた記事の掲載は、イエール家電に大いに役立っている。現在、イエール家電は広告費を一切かけず、マーケティング費はすべて、ウェブサイト、ブログ、学習センターに集中させている。その成果は驚くべきものだ、とスティーブ。

費用対効果ですか？　投資はいたって単純です。わたしの時間と従業員の時間です。全員の給料を足しても、広告にかかっていた費用をはるかに下回りますし、いずれにしても、広告を維持管理する人間が必要になっていたでしょう。（コンテンツマーケティングを通じて集めた）顧客のメールアドレスを購入歴と単純に結びつけただけでも、少なくとも1000万ドルの年間売上になります。もちろん、広告費はゼロです。

従来の広告も実際に効果がある、と言ってくる人がいると、スティーブはやや辛辣な話をしている。

わたしは人からよく「アンチ・アウトバウンド」だと言われますが、そんなつもりはまったくありません。家電見本市やラジオ・テレビコマーシャルで費用対効果が得られているのであれば、さらに投資すればいいのです。広告は効果があるという人に、「その成果をどのように測定していますか」と尋ねると、たいてい、「測定なんてできない」という答えが返ってくるのです。それでどうして効果があると言えるのでしょうか。広告なんて要らないのです。消費者は、コンタクトをとろうと思えばそうします。当社はすごい、と自画自賛するのと、なにかで読んだ人に「この会社はすごい」と思ってもらえるのとでは、大違いです。相手にそう思ってもらえれば、ビジネスにつながる可能性が高まるのです。

仮に、「ぜひ、イェール家電でお買い物を！　バーゲンセール開催中」というCMの出稿に50万ドルかかったとして、その対象オーディエンスのうち、いったい何人が実際に購入してくれるでしょうか。チャンネルを変えたり早送りしたりせず、ちゃんと視聴する人が何人いるでしょうか。50万ドル払っても、たったの20人かもしれないのです。そのCMの費用対効果はといえば、測定できないじゃありませんか。インバウンドなら、適切なツールを使うことで測定可能です。だからうちは、うまくいっているやり方、測定できるやり方をこれからも続けていきます。

実際、なんと効果があったことか。2016年初め、スティーブは新たな販売店をボストンの近くにオープンした。しかも広告を一切打たずに実現したのだ。

客が抱えている疑問に心を配り、どこよりもきちんと答えようとする、ただこれだけで、業界トップに登りつめたのだ。

これもまた、デジタル時代のダビデがゴリアテを負かしている例なのだ。

第23章 競合他社

ここまで、5大テーマの威力を詳しく説明してきた。あとはもちろん、あなたの会社がこの新たな考え方に取り組む意欲次第だ。

多くの証拠を本書で紹介しているにもかかわらず、残念ながら、読者や組織の多くは、透明性と消費中心のこうしたアプローチを営業・マーケティング活動に採り入れようとしない。

なぜ採り入れないのか。

なぜ、もっと多くの組織が、「訊かれたことに答える」というきわめて単純なモデルに従わないのか。買い手や消費者がこうした情報を求めていることは、こんなにも明らかなのに。

過去5年にわたり、世界中の企業やブランドと話をしてきて、気づいたことがある。ビジネス拡大のため、世界トップクラスの聞き手・教え手になろうとするのか、それとは正反対のアプローチ（頭の固い、企業中心の従来型モデル）をとるのかに影響する、重要要素が3つあるのだ。

この3つの要素を、わたしは「影響の三角形」と呼んでいる。

1　競合他社
2　合わない相手
3　顧客

逆三角形が3つの部分に分かれている図を思い浮かべてほしい（図23・1）。各部分は、企業が営業・マーケティングプロセスにおいて（特にネットで）、ある特定のテーマに取り組もうとするかどうかに影響するグループを表している。一番上が一番大きく、かつ影響力が強い。このため企業は、見込客の質問・問題点・ニーズといった主な分野にあまり取り組みたがらない。まんなかはそれよりは影響力が弱く、一番下は影響力が一番小さい。

ここまで説明してきたことに基づけば、この主要グループ（逆三角形の一番上）は誰だと思うだろうか。見込客や顧客の質問（特に5大テーマ）に答えようとする、しないに影響を与えるグループだ。

この三角形の各部分を説明する前に、読者のみなさんにまず考えてもらいたい。オンラインでもオフラインでも、何を伝えて、何を伝えずにおくかを決めている、この最大の影響力グループはだれだと思うだろうか。

競合他社だと思った人、正解。つまり、いくらかという話を自社ウェブサイトですることについて第10章で説明したときに、こう思った人もいたのではないだろうか。**そんなことできるはずがない、ライバルに知られたら利用されて、こちらが不利になるじゃないか**、と。

また、第13章では、取扱製品やサービスの問題点を伝える重要性も説明した。このときも、こう思ったんじゃないだろうか。**うちの製品やサービスの良い点と悪い点をあけすけに説明したら、それを利用するライバルが有利になってしまう。**

さらに、第17章では、製品やサービスを比較する重要性（ファイバーグラス製とコンクリート製のプールのように）、合わない場合はそう認める必要性を説明した。ここでもまた、こう思われたかもしれない。**うちの製品やサービスに代わるものとして、ライバルが扱っているものを紹介できるわけないじゃないか。**

最後に、第19章では、競合他社について率直に伝えることも説明した。うちの「バージニア州リッチモンドのプール設置業者ベスト（レビュー／ランキング）」の記事がそうだ。これは異論が一番多く、型破りなので、こう思われたかもしれない。**自社ウェブサイトで競合他社に触れるだなんて！　そんなことをしたら、ライバルの存在が見込客に知られてしまい、そっちへ流れてしまう。**

以上の理由で、オンラインで取り組もうとする意欲の有無に一番大きな影響を与えているのは競合他社、というわけだ。

ちょっと考えてみてほしい。

見込客や顧客が知りたがっていることを伝えるかどうかに一番大きな影響力を持つこのグループこそ、まさに競合相手であり、しかも、すでに客をとられつつあるわけだ。これはいろんな意味で、二重に危険だ。

わたしはよくこう訊かれる。「こんな（正直に包み隠さずすべての質問に答える）ことをし始めたところで、うちがやっていることを知ったライバルが真似たらどうなるんですか？」

では、少し例をあげて説明しよう。わたしは、デジタルマーケティング代理店を立ち上げる前、さまざまな業界やカンファレンスで講演するようになる前に、家庭用プール業界でこのテーマについて講演していた。だから、信じられないかもしれないけど、本書でこれまで説明してきた内容はすべて、この業界の年次大会で開催される研修会で、全米のプール会社に伝えてきている。もっと言えば、そうした研修会の出席者の多くは、リバー・プール＆スパと日々しのぎを削っている、まさにライバル企業なのだ。

一度計算してみたところ、本書で紹介している考え方をわたしがこれまでに伝えてきたプール会社は、優に１０００社は超えている。

こうした事実に基づいて、リバー・プール＆スパのたとえ半分でも、「訊かれたことに答える」を採り入れている企業が、このうち何社くらいあると思われるだろうか。

答えは、１、２社がせいぜいだ。

つまり、馬を水飲み場まで連れていくことはできても、無理やり水を飲ませることはできないのだ。

それが、この話の教訓だ。具体的なやり方を教えたりやってみせたりしても、「訊かれたことに答える」を採り入れようとしない企業は９割を超える。残念ながら、それが事実だ。知識はあっても、自社のために活用しようとはしない。

その理由は２つある。

1　教える立場ではなく、ビジネスオーナーの立場で考えているから。教える立場に立てば、別の見方ができるはずなのだ。

2　なんでもかんでも足りない、と思っているから。みんなが頂上に立てるはずがない、と思っている。

わたしの場合は、「訊かれたことに答える」をライバル企業に真似されたら困る、とは思わなかった。むしろ、真似してもらえないことを心配していた。

だから、全米のプール業界に伝えたのだ。うちの客ともろにかぶる企業もあったが、それでも役に立ちたかった。わたしに言わせれば、事実は事実であり、わたしだけが隠し持っているようなものではなかったからだ。

もっと言えば、少なくともわたしにとっては、これは常識問題に過ぎなかった。この場合、常識的に考えれば、求められている情報をできるだけ正直に、ありのままに伝えることが、ビジネス上、最適な方法だったのだ。それは、想定されるさまざまな影響には関係ないのだ。

合わない相手

オンラインやオフラインでやりとりしたり、教えたりすることに影響する、2つめのグループは、もっと微妙でとらえにくい。それがかなりのインパクトを与えていることに気づいてすらいない場合も多い。

この影響グループについて、具体的な例をあげて説明しよう。「いくらするのか、自社サイトで説明したほうがいい」とわたしが言うと、それによる利点を考えもせず、こんな反応が返ってくる。「そんなことをしたら客に敬遠されてしまう」。

ちょっと考えてみてほしい。

「客に敬遠されてしまう」

そもそも、すでに取引がある客なのだろうか。答えはもちろん、ノーだ。

こう考えてみよう。取扱製品やサービスが5万ドルからだとする。相手の予算が2万ドルだったとして、残りの3万ドルをたちまち用意して購入してくれる、と思うだろうか。

ほとんどの場合、答えはノーだ。相手を敬遠させるのではなく、きちんと伝えることで双方が安心し、時間の節約になるのだ。

正直に伝えることで、**あなたの会社には**合わないことを、見込客自身が気づくようにさせる、そう、**気づかせてあげる**わけだ。

ビジネスに長く携わっている人なら、みんながみんな客として向いているわけではないのをよくご存じだと思う。実際、絶好調の企業は、自社が万人向きではないことをはっきり理解しているから、その現実に抗うことなく、受け入れている。

すべての人と取引したい、と思った瞬間に、ビジネスは非常に好ましくない状態へと向かい始める。反対に、どんなビジネスであれ、最高に好ましい状態は、**自社に合わないことや合わない相手**を認識し、それに従ってビジネスをおこなっているときだ。

実際、合わなかったこれまでの「不良顧客」を振り返ってみるといい。取引をするようになる前から、**この人／この会社はうちとは合わない**、とかなりの確率で直感していたはずだ。

それなのに、その相手と取引してしまった理由は、そのとき、キャッシュフローが必要だったからだ。

その後、その客との関係が悪化し、ストレスはたまるわ、取引するのが苦痛だわで、朝から不機嫌になって独り言を言う。**こんな相手と取引してもムダだ！**

自社がどういう存在かを理解していることは重要だが、絶好調企業なら、自社がどういう存在**じゃない**かまで理解しているのは、こうした理由からだ。

そのとおり。相手に伝えようとするかどうかに影響する2つめのグループは、こうした合わない相手で構成されている。**得意先になることなどあり得ない**このグループに、話をよく聞き、やりとりし、伝え、助ける自社の能力を左右させてしまっているなんて、非常に残念なことだ。

顧客

企業として（オンラインでもオフラインでも）顧客に何を伝え、何を伝えないかを**決めさせるべき唯一のグループ**は、影響力がもっとも小さい、いまの顧客だ。

そのとおり。信頼、お金、紹介者すら寄越してくれている人たちなのに、企業はつい見過ご

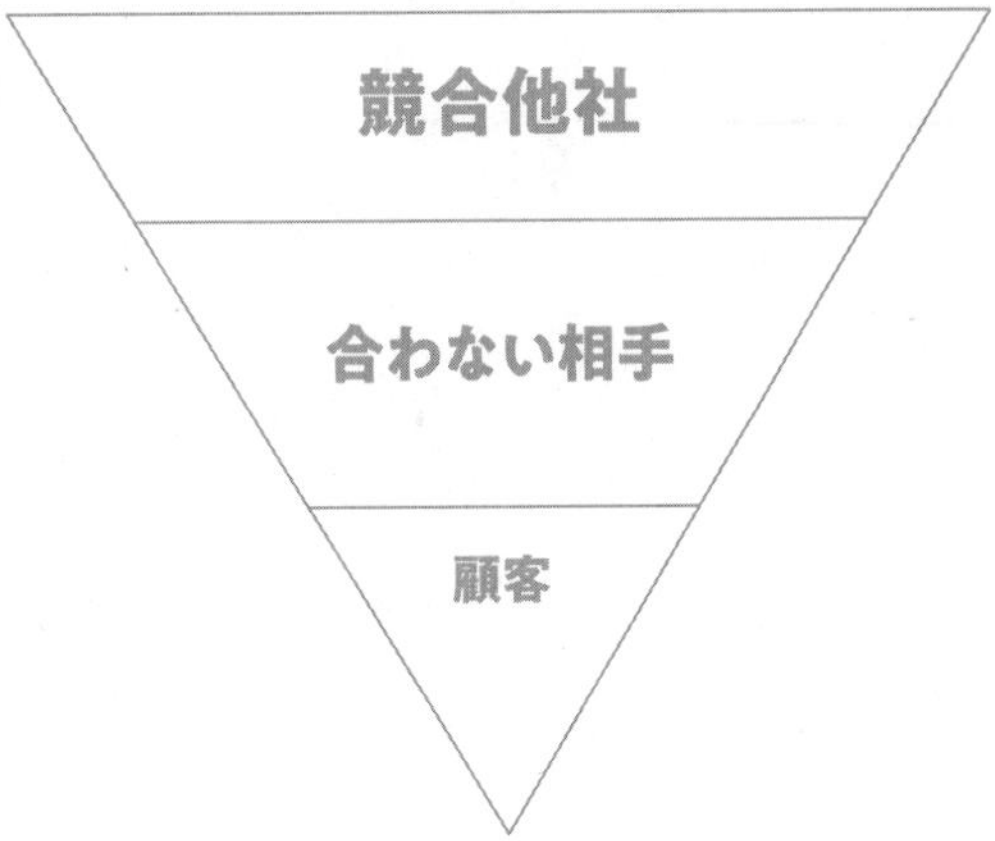

図23.1　影響の三角形

したり無視したりしがちだ。

図23・1を見て、どこがおかしいと思うかと尋ねると、たいていこういう答えが返ってくる。「上下を逆にすべきですね」

わたしも当初はそう考えていた。その後、それが大間違いだったことに気づいた。この影響の3角形は、1グループだけで構成されるべきなのだ。それは、いまの顧客であり、図23・2のようになる。

なんだかんだ言って、本当に重要なのは顧客なのだ。

顧客あってこそ、ビジネスを続けられる。顧客がいてくれるからこそ、お金の心配をしなくて済む。

ほかの誰でもない。

競合他社があなたのローンを払ってくれ

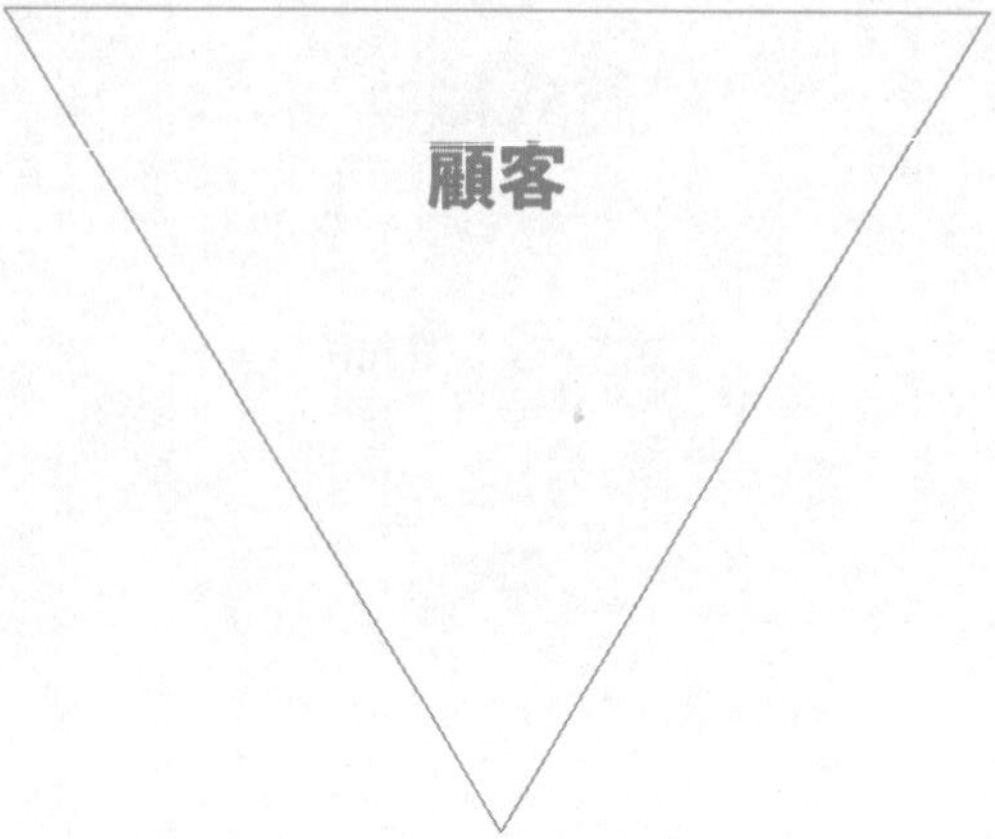

図23.2　いまの顧客

るわけじゃないし、自社に合わない、得意先になりっこない相手が従業員の給与を払ってくれるわけじゃない。だから、本当に重要な、この唯一のグループに焦点を当てて考えることを強くお勧めするのだ。

第24章「訊かれたことに答える」に救われたリバー・プール&スパ

ここまで読んでこられて、「訊かれたことに答える」がリバー・プール&スパに与えた最終的な効果はいかほどか、と思われているかもしれない。

本書冒頭にあるように、2009年3月、リバー・プール&スパは破産寸前だった。インバウンド/コンテンツマーケティングについて学んでからは、「訊かれたことに答える」と命名した考え方を採り入れ、見込客や顧客からそれまでに訊かれた質問をひとつ残らずすべて書き出した。客から尋ねられたことをその日の晩に、わたしが（ビジネスパートナーの協力も得て）答える記事を書いたり、動画を作成したりしていた。

このやり方を始めた頃、サイト訪問者は月2000人ほどで、ほとんどがグーグルのPPCからのトラフィックだった。2日ごとに約500ドルの費用がかかり、その資金もとうとう底をついてしまった。

でも、コンテンツを作り始めてから3カ月ほどで、自社サイトのオーガニック（無料）トラフィックが倍増しだした。その後は月を追うごとに、どんどん増える一方だった。

2009年は、会社としては経済的に一番厳しい年だったが、なんとか生き残ることができた。コンテンツや役立つ情報に焦点を当てるのは、なんとかビジネスを続けていくべく手探りで必死に取り組むうえで、ちょうどよかったのだ。

2010年には、その成果が目に見えるようになった。トラフィックとリードが爆発的に増えたのだ。売上もどんどんアップしだした。

そのあとのことは省略して、現在の話をしよう。

現時点で、リバー・プール＆スパには、ほかのサイトから大量のインバウンドリンクが入ってくる。リンク数を増やす「リンクビルディング」活動をしたことは一度もない。なのにこうなっているのは、うちのコンテンツが便利で役立つからリンクしておこう、とほかのサイトや企業に思われているからにほかならない。

2014年7月には、自社サイトのトラフィックが過去最高の35万ビジターに達した。

2015年7月には、ビジター数が50万超え。

2016年には、ビジター数が60万台に突入。

現在、リバー・プール&スパのサイトは、家庭用プール業界で世界最多のトラフィック数を誇っている。

それだけではない。このすさまじい増加に対応すべく、2015年にプールの製造も開始したのは、わたしたちにとって当然の成り行きだった。

いまや、ファイバーグラス製プールのいち設置業者ではなく、全米に取扱業者を広げているところなのだ。この調子でいけば、わたしの推測ではあと5年から7年ほどで、ファイバーグラス製プールメーカーとして世界最大になるはずだ。

リバー・プール&スパに関するほかの数字もお知らせしよう。きっとびっくりされると思う。2007年、住宅価格が上昇し、家庭用プールの設置にだれでも融資を受けられた頃、うちの売上は約400万ドルだった。これだけ売り上げるのに、広告やマーケティングに25万ドルほど費やさなければならなかった。

一方、2014年はというと、プール設置業者の大半が不景気前からの低調をまだ引きずっていたとき、リバー・プール&スパの売上は約550万ドルで、広告・マーケティング費はざっと2万ドルだった。

そんなわけで、「その『訊かれたことに答える』に従えば、費用対効果はどのくらいになるんですか?」と訊かれると、つい笑ってしまうのだ。わたしも同じような思いをしたことがあり、本書で説明しているすべてをやってきたからだ。あなたがここまで読んできたことのすべてが、リバー・プール＆スパを救い、いまの繁栄につながっているのだ。

２００８年の金融危機をいま振り返ると、ありがたい気持ちでいっぱいになる。あの低調期があったからこそ、自分自身や業界を超えて考えたり、いち企業として、プール業界でそれまでだれもやったことがなかったことをしたりせざるをえなくなったのだから。

なにがすごいかと言って、バージニア州のいちプール設置業者にすぎず、従業員も30人ほどのリバー・プール＆スパが、家庭用プールの購入を検討している世界中の人に情報を提供している、ということだ。

リバー・プール＆スパには、自宅にプールを設置しようと考えている世界中の人から毎日メールが届いている。

わたしはもうプール業界にフルタイムでは身を置いていないが、それでも、オーストラリア、ヨーロッパ、バージン諸島といった、バージニア州から遠く離れたところからこうしたメールが、いまもわたしの元に届く。だいたい、次のような内容だ。「うちが依頼したプール設置業者があまり信用できないんです。設置の様子を見に来てもらえないでしょうか」

「セールス＆マーケティングのマーカス」と呼ばれるようになる、はるか以前のわたしは、こうした依頼はお断りしていた。プール設置の様子を見るだけのために、かなりの金額を払う、と言われてもだ。

監督してくれるだけでそれだけ払う、と言ってくれているのに、なぜ断るのか。ここでちょっと、秘密を打ち明けよう。**わたしはプールの設置ができないのだ。**リバー・プール&スパの掘削機の電源すら入れられない。おそらく、世界最悪のプール設置屋だ。そんなわたしに、自宅の庭にプールを設置する際の監督を依頼するなんて、どう考えても間違っている。

わたしにできることは、設置業者（専門業者）がどのように作業を進めるかを調べ、何をしているかを尋ね、実際にどう作業しているかを、普通の人でもわかるように説明することだ。プール設置に関するさまざまなことを依頼者に役立つよう、わかりやすく伝えられるものだから、第一線のプロ、と思われるのもムリはない。

こんなふうに言った人がいた。「わかりやすく伝えないのはバカだ」

そのときは気づかなかったけど、まったくそのとおりだ。

それ以来、何度も繰り返し目にしてきた。マーケティングやコミュニケーションに関して言えば、企業やブランドが知的に見せようとすると、たいてい、バカじゃないかと思えてくる。

一方、知的に見せようとするのではなく、きちんと伝えようとすると、不思議な力が働く。これこそが、講演者、マーケッター、コミュニケーターのプロとしてのわたしにとって、唯一の目標かつ関心事だ。

つまり言いたいのは、教える立場で考えろ、ということ。相手からの質問はもちろん、その答え方にまで気を配る。それが、とても重要なのだ。

第2部

「訊かれたことに答える」が営業に及ぼす効果

ここまで説明してきたことのほとんどが、「訊かれたことに答える」のマーケティング面に関することだった。でも、なんだかんだ言って、グーグル検索で見つけてもらえたり、トラフィック、リード、信頼をアップさせたりするのは、相手の言うことによく耳を傾け、教えることに心を砕くことを企業文化とする、多くの利点のひとつにすぎない。

このビジネス哲学の最大の利点は、なんといっても、営業に関するほうがずっと大きいのだ。それも当然。すばらしいコンテンツでトラフィックやリードが増えたところで、新たな取引につながらなければ、最終的には失敗なのだから。

企業である以上、**利益をあげなければならない**。「倒産」寸前の経験がある者として、これが紛れもない真実である、と証言できる。

この第2部では、「訊かれたことに答える」がマーケティング部門にとどまらず、適切におこなうことで、営業部門や組織全体にも浸透していくことを説明していく。営業部門、その文化、成約力に及ぼす効果、コンテンツをどう活用すれば売上を劇的にアップできるか、を具体的に説明しよう。

第25章 優れたコンテンツで営業も大きく変わる

コンテンツマーケティングと「訊かれたことに答える」を採り入れるべく、あなたはいま、真剣に取り組んでいるとしよう。

そうするには、上層部とマーケティング部門のビジョンが同じであることはもちろん、営業部門もすぐにこのプロセスに巻き込む必要がある。

そのため、この重要なビジネス戦略の、何を、どのように、なぜ、の部分を、営業チームに理解してもらわなければならない。さらに、こうした営業手法を採り入れることが、会社だけでなく、営業担当者ひとりひとりにも影響してくる理由があることも、認識してもらう必要がある。

これから説明する7つの利点を、営業に理解してもらおう。「訊かれたことに答える」を営業プロセスにきちんと採り入れることで得られる利点だ。

「訊かれたことに答える」を営業に採り入れる7大利点

1 コンテンツづくりが、買い手やその考え方の理解につながる

コンテンツマーケティングを適切におこなうつもりなら、見込客や顧客が、言い、考え、感じ、検索していることを、しっかり理解したほうがいい。困っている点、心配な点、問題点、要望を知っていなければならない。つまり、照準を定めるわけだ。

このことを、マーケティング用語で「バイヤーペルソナ」と言ったりする。呼び方がどうであれ、購入前から購入後にいたるプロセスで相手がどのように考えているのか、組織や営業の多くは完全に理解しているとは言いがたい。

それでも、そうしたことを意識しつつ、買い手がたどる各段階に合わせた啓蒙的かつ役立つコンテンツを作ろうとするとき、営業が相手の立場に立って考えられる力が最高になる。

営業は、感情移入がすべてだ。感情移入できない人は好成績をあげていないし、感情移入できていないコンテンツもあまり効果がない。

2　コンテンツづくりがコミュニケーションの練習にうってつけ

ベテラン営業は、よくある質問を把握しているだけでなく、それに対して毎回同じように答えるようにしている。しかも、相手が理解できるように、わかりやすく、はっきりと回答するから、相手の懸念がその場で解決する。

こうした効果的なコミュニケーションは、営業担当者全員に必要なものだが、すぐにできることではないから、練習が必要になる。コンテンツマーケティングが非常に効果的になる理由がここにある。営業が（コンテンツを生み出す際）、相手の質問に的確に答え、わかりやすく説明し、期待している成果をあげる方法を身につけることにつながるからだ。

セールスライオンには、営業がコンテンツづくりのプロセスに関わるようになって以来、営業担当者のコミュニケーション能力全般が向上した、というクライアントからの声が多く寄せられている。

3　企業コンテンツが、研修、コミュニケーションなど、すべての指針になる

営業部門は、企業にとって財務上の原動力、と常々考えられている。また、クライアントと

のコミュニケーションに一貫性を持たせる能力が常に重要視されている。にもかかわらず、全社員や営業担当者向けに、「営業方針」を書きまとめている企業はほとんどない。

ご想像のとおり、ここでも、コンテンツマーケティングと「訊かれたことに答える」が機能し始める。制作した記事や動画などは、社内研修コンテンツのデータベースとして、会社の方針や考え方をより早く、効果的に従業員に学ばせるのに役立つから、この先何年にもわたり、人材面にも影響する。

4　宿題営業

非常に残念なことに、多くの組織が縦割り構造になっている。マーケティング部門はマーケティングだけ、営業部門は営業だけだ。ただ現実は、絶好調企業なら理解しているように、この両部門は協力する必要があるし、営業部門は、マーケティング部門が作ったコンテンツを営業プロセス全体で活用する必要がある。コンテンツの計画的活用によって、消費者を啓蒙し、営業ファネルの下部へ（または外へ）と促していく発想を、セールスライオンでは「宿題営業」と呼んでいる。これについてはあとで詳しく説明する。

5　相手に一番関心のあることが、営業ファネルに入る前からわかる

営業に役立つ高度なアナリティクスやツールは、いまや有り余るほどあるから、リードを深く読み解くのに利用しない手はない。たとえば、あるリードが自社ウェブサイトの連絡フォームに記入したとしよう。高度なアナリティクスのおかげで、その人がサイトのどのページを訪れたか、何度訪れているかがわかる。今後また訪れるたびに通知させることも可能だ。

こうしたアナリティクスを調べることで、営業担当者は相手の「事情」を組み立ててから、初回コンタクトや電話で話をすることができる。これは営業チームにとって、まさにゲームチェンジャーになりうる。

6　コンテンツがあれば、初回商談前から信頼関係を築くことができる

営業担当者はみんな、有望なリードがほしいし、有望な営業訪問がしたい。商談やプレゼンの多くが（本来の「売り込み」活動ではなく）信頼関係の構築に向けられているのは残念だ。でも、いまのデジタル時代の消費者となら、そうした信頼関係を初回商談のずっと前から築くことができる（実際、20分話をするよりも、信頼関係をはるかに築くことができる）。こうなれば、営業担当

者が一番得意な、売り込みに専念できる。

7　すばらしいコンテンツが信頼アップに、信頼アップが営業サイクル短縮に、営業サイクル短縮が担当者の満足度アップにつながる

営業担当者に必要なのは（有望な）リードだけではない。**時間**ももっと必要だ。有望案件に費やす時間、家族や大切な人と過ごす時間、自分の好きなことをする時間もほしい。

実は、上手に教えること（コンテンツマーケティング）は、営業部門にとって、究極の「時間づくり」になりうるのだ。

コンテンツを営業プロセスに活用すれば、時間の節約になるだけでなく、営業サイクルや成約率全般にも多大な影響を及ぼしうる驚くべき例を、これ以降の章で紹介している。

コンテンツマーケティングが営業部門や組織全体に及ぼしうる影響がいかに大きいか、理解してもらうことが基本だ。コンテンツづくりのプロセスに営業チームを巻き込みながら、こうした決定的な利点を理解してもらえるようになれば、すばらしいことが起こるのはまちがいない。

第26章　驚くべき発見

きわめて重要なことをお尋ねしたい。

取引をする前に、自社ウェブサイトを平均何ページくらい読んでもらえるとお考えだろうか。

この質問を、世界各地で講演する際に尋ねてきているが、どの国、どの業界でも、返ってくる答えはほぼ同じ、「2、3ページ」だ。

さらに考えてみよう。自社サイトを2、3ページを読んでもらうのに、どのくらいの時間がかかるとお考えだろうか。

少なめに見積もって、仮に5分くらいだとしておこう。

見込客が自社サイトを読むのは（平均）2、3ページ、と想像でしか言えないということは、「当社との取引は、相手の時間の5分程度の価値」と言っているのも同じなのだ。

あなたの会社と取引するかどうかを決めるプロセスには、相手の時間の5分程度の価値**しか**

ない、と本気で思っているだろうか。わたしだったら、もちろんそうではないことを祈る。

実は、企業は買い手の気持ちをあまりにも**甘く見過ぎている**。相手は、情報を進んで検討し、詳しいことを知ったうえで安心して購入を決めたいのだ。このことをもう少し理解してもらうために、うちのプール会社に関する驚くべき発見についてお話ししよう。だれにでも効果があるため、それ以来、非常に多くの企業に変化をもたらしている。

2012年の初め、わたしは、リバー・プール＆スパのウェブサイトにある「見積依頼」フォームに記入した人たちを2つに分けて比較していた。

見積を依頼するということは、こちらを信頼し、取引する可能性がある、ということだ。ただし、この2つのグループには違いが見られた。

■1つめのグループは、見積は依頼されたが、契約は**してもらえなかった**。

■2つめのグループは、見積を依頼され、最終的に契約**してくれた**。

この2つのグループを詳しく調べながら、何度も自問し続けた。

何がこの違いにつながったのか。購入する、しないを決定したものは何だったのか。「おたくにお願いします」と言ってもらえる重要な指標は何だったのか。

ハブスポット（あとで説明）でサイトのアナリティクスを調べているうちに、２つめの（うちからプールを購入した）グループに関連する30という数字に興味深いことを発見した。

この30という数字は何を表していたと思われるだろうか。

「トータルページビュー数」と思った人、正解。

「ほう、30ページとは相当な分量だ！」と思われるかもしれない。この異常な数字を見つけたときは、わたしもそう思った。

話が特に面白くなるのはここからだ。

初回の営業訪問する前に、うちのサイトを30ページ以上読んでくれていた人たちは、**8割の確率で契約してくれていた**ことがわかったのだ。

一方、30ページも読まなかった人たちは、訪問営業した時の成約率が、平均で2割しかなかった。

これは驚くべき発見だった。このとき初めて、自分たちが「コンテンツ」と呼んでいるものとの関連性をはるかに深く理解し、評価できるようになった。また、営業の全プロセスを見直すことにもつながった。

この数字のおかげで、次のような疑問が浮かんだのだ。

30ページを読んでいるあいだに、いったい何が起きて、これほど劇的な成約率アップにつな

がったのか。30ページ読んだ人と読まなかった人とで、これほど大きな違いがあるのはなぜなのか。

次のように考えられないだろうか。

■コンテンツ（動画、記事、ポッドキャストなど）を視聴してもらうたびに、信頼度は上がる一方だ。こうしたプロセスを踏んでいくことで、相手はほぼ「自己クオリファイ」していることになる。

■各コンテンツは、それを読んだり視聴したりする人と会っているのも同然、つまり、「デート」していることになる。

■デートを重ねていくうちに、やがて「結婚」することになる。

■でなければ、別れることになる。

■いずれにしても、デートを30回も重ねていれば、相性の良し悪し、関係を前進させたいかどうかが、はっきりとわかってくる。これと同じことがすばらしいコンテンツにも言える。

というわけで、コンテンツ（記事、動画など）を30本も見聞きしてもらえれば、8割の確率で契約してもらえる、ということがおわかりいただけたと思う。これが事実なら、どのような行動をとり、この情報をどう活用すればいいだろうか。そうすることで、売上にどう影響があるだろうか。

こうした質問への答えが、次章で説明する「宿題営業」だ。

第27章 宿題営業

コンテンツマーケティングと「訊かれたことに答える」を採り入れる際にありがちなのが、**よし、これをうちのウェブサイトに掲載しさえすれば、ものすごいことが起こるぞ！** と考えてしまうことだ。

残念ながら、ウェブサイトにコンテンツを載せるだけでは不十分だ。自社サイトやソーシャルメディアにコンテンツをただなんとなく掲載するだけで奇跡が起こる、と期待してもらっては困る。目に見える変化を本気で起こすつもりなら、コンテンツを読んだり視聴したりしてもらえるよう、積極的に促す方法を考えなければならない。受け身でも、運任せでもダメなのだ。

コンテンツを営業プロセスに積極的に活用することを、わたしは「宿題営業」と呼んでいる。

宿題営業がどういうものかイメージしてもらえるように、ここでもまたプールを例として取り上げよう。ただ、その前に、「宿題営業」がどういうものかを説明しておこう。

宿題営業とは、次の情報を計画的に活用するプロセスのことだ。

- 文章、動画、音声で作成された情報
- 取扱製品／サービスに関する役立つ情報
- 相手が抱えている主な懸念材料や疑問点を解消するための情報。これによって、営業アポがぐんととりやすくなる

以上を、営業プロセスの前と最中に活用する。

宿題営業の実例

これから説明することは、**このとおり**にしなければならない、とは思わないでほしい。重要なのは、情報やコンテンツの活用方法についての考え方だ。見込客を営業ファネルの下方へ進ませやすくしたり、あなたの会社とは合わないことに自分から気づくよう手助けをしたりするのに活用する。

それはこういうことだ。以前はよく、リバー・プール&スパに電話がかかってきて、こんな

ふうに言われていた。「もしもし、おたくのウェブサイトを見ました。プールの見積をお願いしたいのですが、金曜日にうちへ来て見積もってもらえませんか」

こちらからいくつか確認の質問をしたあと、「もちろん、お伺いします」と答えていた。それが営業のすべきことだと思っていたからだ。営業に出て来い、と言われれば、すぐに出向いて売り込もうとした。要するに、ほかのやり方を知らなかったのだ。

相手はどの程度準備が整っているのか、わたしがあまり考えていなかったからだ。**ちょっと待てよ、この人はプールのことをどのくらいきちんと理解しているのだろうか**、なんて自問したりしなかった。

プールの見積依頼にすぐに応えていた頃のわたしには、プールの購入に関連することを相手がどの程度知っているのか、まったくわかっていなかった。うちの製品やサービスのことをよく理解しているのか、あるいは、まったく知らないし、関心もないのか、相手のことをなにもわかっていなかった。わたしの経験上、こちらが売ろうとしているものについて、相手の知識はゼロだったのだ。

でも、苦労したのはわたしだけじゃない。程度の差こそあれ、営業担当者の多くが、まさに同じような苦労を経験している。

では、どうやってこの苦労を克服するのか。相手を「無知」の状態から「**非常に**よく知っている」状態にするには、どうしたらいいのか。
リバー・プール&スパでは、営業のやりとり全体を変えた。その手始めが、最初の電話でのやりとりだ。いまは、次のようなやりとりをしている。

リード「もしもし、おたくのウェブサイトを見ました。プールの見積をお願いしたいのですが、金曜日にうちへ来て見積もってもらえませんか」
わたし「もちろんです。金曜日にお伺いして見積らせていただきます。ただ、プールにはそれなりの費用がかかりますから、こうした大がかりな計画には、間違いが一切ないようにされたいかと思います。そこで、間違いのないよう、しっかりとご理解いただくためのお手伝いをさせていただきます。まず、こちらからメールをお送りします。このメールで次の2点をご確認いただきます。1つめは、ファイバーグラス製プールの設置についての動画です。この動画をご覧いただくことで、プール搬入の様子、地面を掘って骨組みを入れる様子、それに、仕上げの作業と手入れの様子まで確認できます。つまり、全工程を見ていただくことになります。お伺いしたときに、『で、どんな手順になりますか』とお尋ねになる必要がありません。すでにご存じですから、お互いにとって時間の節約になります。

2つめは、購入ガイドのeブックです。これも大変お役に立ちます。いまお持ちの疑問に対する答えがたいてい見つかるはずです。たとえば、どの覆いが一番いいか、ソリッドタイプか、メッシュタイプか、自動カバーか、といった質問に答えています。プールヒーターなどのテーマにも詳しく触れ、ガスと電気ではどちらがいいのか、そもそもヒーターは必要なのか、といった質問にも答えています。**30ページほど**と、ややボリュームがありますが、ご一読の価値があることはお約束します」

最後にこう言う。「では、金曜日にお伺いする**まで**に、このeブックを読んでおいていただけますか？」

このやりとりはもう何百回も繰り返してきたから、9割の確率で「もちろん」という返事が返ってくることは請け合う。

そこでわたしは次のように伝える。「ありがとうございます。それでは、金曜の午前中にお電話を差し上げて、その日にお伺いする件と、動画とeブックをご覧いただけたかどうか、確認させていただきます」

教える側の特権

こう思われているかもしれない。「宿題」を事前に済ませておくよう相手に言い、おまけに、その宿題をちゃんとしたかどうか確認する、と知らせるなんて、図々しいのでは、と。

そう思われる理由は理解できる。確かに、大胆で、厚かましい。

でも、非常に効果的でもある。

こうした営業スタイルをとっているのも、教えることに焦点を当てている以上、相手に対する責任を果たす権利があるからだ。

この場合はまず、ファイバーグラス製プールの購入プロセスを、順を追って説明する動画を制作することで、たいへん役に立つ情報を提供している。次に、プールに関するほかの質問の大半に答えるeブックを作成している。

相手のためのコンテンツ制作には、大きな価値があり、作成したわたしには、相手にお願いをする権利がある。この場合は、この動画とeブックに目を通してくれ、というお願いだ。

たとえば、「ファイバーグラス製プールの購入に関するすべてが書かれた本を見つけました。カリフォルニア州在住の男性が書いたものです。お伺いする前に読んでおいてください」なんてお願いをするわけにはいかない。

第1に、読んでおいてくれと頼むその本は、わたしが書いたものではない。だから、読む（つまり宿題をする）よう相手に言う権利も権限もわたしにはない。

第2に、文章や動画としてコンテンツを作り、自社サイトその他のプラットフォームに掲載することで、わたしは教え役を引き受けたことになる。営業担当者ではなく、教えてくれる人、と思ってもらえた時点で、こちらへの敬意が劇的にアップする。

教える側の権利は、教わる側の権利より大きいのだ。

いま、こんなふうに思われているかもしれない。「eブック作成はすばらしいと思うけど、金曜までに読む時間がとれそうにない。とにかく来て見積もって」と言われたらどうするのか、と。

こう言われたらどう応じるか。うちの対応をお教えする前に、前に書いたことを思い出してほしい。**リバー・プール＆スパの営業のやり方はあなたのやり方とは違うかもしれない。**リバー・プール＆スパは、客をやや選り好みするほうかもしれない。大量のリードが毎日入ってくるから、何を、だれに、どの程度販売すればビジネスが順調にいくか、ということをベースに、ほかの企業よりも厳しい基準で判断できるからだ。

とはいえ、どの企業でも、初めて商談に入る前に相手にもっと理解しておいてもらう方法を見つけるべきだし、その後の営業プロセス中も、引き続き教育しつづけるべきだ。

それでは、「時間がない」と言われたとき、リバー・プール&スパがどう返答しているかをお教えしよう。

コンテンツに目を通すお時間がないのはわかります。ただ、ちょっとご説明させてください。これまでの経験から申し上げて、お客様がよく理解されていたり、お送りしたものをご覧になったりされた場合は、お伺いした際に話が非常にスムーズに進むのです。つまり、お会いしてお話する時間が有意義なものとなり、ご購入時の間違いを確実になくすことにもつながります。これは、お客様にも、当社にも、喜ばしいことです。お客様がコンテンツに目を通されていない場合は、お会いしてもお役に立てず、お時間のムダになるのです。ですから、こうした情報をよくご理解いただくお時間がないようでしたら、当社はお客様にはおそらく向いていないかもしれません。

これを読んであなたは、こう思ったんではないだろうか。**まじで？　客に向かって、向いていないかもしれないなんて、本気で言っているのか？**

そのとおり。うちではそう伝えている。これに対する相手の反応もお教えできる。もう何度も聞いてきているのだから。実は、ここで説明している宿題営業や、コンテンツを営業ツールとして活用することはすべて、もう数えきれないほど何度も、リバー・プール＆スパで実際に試してきたことなのだ。

それだけではない。これとまったく同じやり方を、セールスライオンのクライアント企業に対してもおこなっている。世界中の中小企業やブランド／企業に対し、同じ考え方を適用する機会にしている。

よく理解している相手と取引する、というこの考え方は、どんな企業でも、売り物がなんであっても、基本的に変わらない。

では、話を元に戻そう。もう少し詳しく知ろうとしない人は、うちの会社には向いていないかもしれない、と伝えたとき、相手はどんな反応をするか。ほぼ全員が、次のいずれかの反応を示す。

■反応その1「わかりました。では、eブックと動画に目を通しましょう」。そこでわたしはこう返す。「ぜひそうなさってください！　では、金曜の午前中にお電話して確認させていただきます」

■反応その2「だったらもう結構！　来てもらわなくていいです。おたくには頼みません。ほかをあたりますから！」

これは、企業としてはありがたいことなのだ。明らかに向いていない客であることがこれではっきりしたのだから。

真のやりとりの核となる考え方はこうだ。

こちらの取扱製品やサービスについて理解を深めることが、購入を決める要素にならないのであれば、その客はまず間違いなく、価格だけで決める、ということだ。常に最安値を提供するビジネスモデルでないかぎり、**合わない客である可能性が高いのだ。**

宿題営業で相手のことがわかる

いまあなたはこう思っているかもしれない。**でも、金曜の午前中に電話をし、宿題をしたかと尋ねたとき、「実はまだなんですが、とにかく来て見積もってもらえませんか」と言われたらどうするのか。**

これは非常にむずかしい。また実際にこういうケースがこれまでに何度もあった。

このやり方を始めた当初は、「申し訳ない。忙しくて。でも、とにかく来て見積もってくれ」と言われたら、自分のなかの営業精神は、こんなふうに考えていた。**相手はそのための時間を**

とってくれなかった。まあそれでも、とりあえず訪問するか。

そして訪問し、その後どうなったかを6カ月にわたり調べたところ、結果は衝撃的だった。宿題をせずに「とにかく来て見積もってくれ」と言ってきた客のどのくらいが、実際に購入したと思われるだろうか。

5％未満と思った人、正解。ここで、わたしの言いたいことをもう一度まとめておこう。

■宿題（教育）で、相手のことがよくわかる。

■時間を割いて詳しく知ろうとしない人は、価格だけで決める可能性が高いから、適切な客とは言えない。

■ビジネスするうえで、満足か不満かの違いは結局、自社に合う客、そうでない客を知ること。

第28章 ある夫婦のおかげで、コンテンツの威力に気づかされる

さあ、宿題営業のやり方がわかったところで、前に尋ねたことをもう一度考えてみよう。**自社のウェブサイトを平均何ページ程度読んでもらえそうだろうか。**

次に紹介するエピソードは、どのくらいの分量まで可能かの一例だ。いろんな意味で、信じられないかもしれないが、正真正銘の話なので信じてほしい。

これからお話するある顧客との体験は、わたしの見方を大きく変えた。営業プロセスにも、安心して決断するために情報収集しようとする相手の意欲にも、教えることがいかに影響しうるかを思い知らされたのだ。

5年ほど前、わたしがまだリバー・プール&スパで働いていた頃のこと。ある晩、自社サイトにその日入ってきたリードをハブスポットで詳しく調べていたところ、「ミスターG」とい

う人物が、「ファイバーグラス製プールの費用」というフレーズでヤフー検索した結果、うちのサイトを訪れたことがわかった。

このミスターGがうちのサイトを訪れたあとに、非常に興味深いことが起きていた。**374ページも閲覧されていたのだ！**

そうと知ったときにわたしの頭の中をよぎったことと、いまあなたの頭の中をよぎっていることは、たぶん同じだと思う。いまあなたはこう思っているのではないだろうか。**いったい、どういうことだ?!**

ウェブサイトでこれだけの分量のコンテンツを見た人がいる、となれば、さまざまな予測ができる。なんてこった！　よっぽど暇を持て余していたにちがいない！

ライバル会社の人間に違いない！

強迫性障害かなにかで、プールに関する情報を集めまくってもまだ足りないのでは。

まあ、いずれにしろ、このミスターGが読んだコンテンツ量を知って、わたしは非常にとまどい、唖然としてしまった。

それだけじゃない。話はもっと面白くなる。ミスターGがうちのサイトを374ページ読んでいたことをわたしが知ったその晩、引き続き、ほかのリードを調べていて、ミセスGというリードの存在に気づいたのだ。このふたりを関連づけ、ミスターGには奥さんがいて、奥さんもプールのことを調べている、と気づくのはわけないことだった。

さらに面白いのは、奥さんのほうは、「バージニア州　リッチモンド　プール」と入力してヤフー検索した結果、うちのサイトを訪れていた。

しかも、奥さんもまた、うちのサイトを**140ページ**以上読んでくれていたのだ。

ふたり合わせると、**この夫婦が読んだうちのサイトは500ページを超える。500ページ以上、しかもファイバーグラス製プールについてだ。**

翌日、わたしはミスターGに電話をした。当然ながら、わたしのことをもう何年も知っているかのような感じで、わたしが訪問することにすぐ同意してもらえた。

さて、どんな訪問になったと思われるだろうか。

お話ししよう。家のなかへ通されると、ミスターGはリビングでスプレッドシートを手にして立っていた。シートの一方に購入予定のプールモデル、もう一方に、そのプールに合わせて購入予定のオプションやアクセサリーがすべて記されている。ミスターGがわたしに訊きたかったことは、当然、ひとつだけ。トータルでいくらかになるかだ。

訪問して45分後においとまする際には、5000ドルの前金とサイン済み契約書を手にしていた。車に乗って去る頃には、笑いがこみ上げてきた。こんな思いがふと浮かんだからだ。

今日は実際、どのくらい営業したのか。

答えはもちろん、**ゼロだ**。訪問した時点でG夫妻の心は7割がた決まっていた、なんてもんじゃない。9割9分9厘の確率で、うちに依頼するつもりだったのだ。はっきり言って、この日のわたしがすべきことはただひとつ。「この案件を台無しにするなよ」だった。

だから笑ったのだ。

結局、ミスターGは、変わり者でも、ライバル社でも、暇を持て余している隠居でもなかった。外科医だった。そして、消費者でもあるわけだ。奥さん共々、安心して購入を決めたい、と考える消費者だったのだ。

実際、自分の購買行動や、購入を真剣に検討しているときにどのくらい調べるかを振り返ってみれば、気づくはずだ。買い手は、役立つ情報を得たうえで、安心して購入を決めたい、と考えているのに、企業はそうした意欲をとても甘く見ている可能性が高いのだ。

このG夫妻宅を訪問したのは、わたしがプール屋として仕事をしていた最後の頃だった。もちろん、強烈で忘れがたい。おかげで、はっきりとした教訓が得られた。世界中のさまざまな業界や企業で何度も目にしてきたその教訓は、これだ。

コンテンツは、包み隠さず正直なものであれば、今の世の中で最強の営業ツールとなる。

第29章 コンテンツは不眠不休

「コンテンツは、包み隠さず正直なものであれば、今の世の中で最強の営業ツール」とはまた、えらく大胆な発言だ、と思われるかもしれない。そんなバカな、とすら思っている人もいるかもしれない。今までのやり方にこだわっている人は特にそうだ。とにかく、この点を一緒に考えてみよう。

かつてわたしは、営業がかなり得意なつもりだった。実際、営業研修で教えていたし、かなりの業績を何年も達成していた。でも、ひとりの人間にできることには限界がある。その点、コンテンツには限界がない。

コンテンツのなかでも特に、会社のウェブサイトのコンテンツに関することを、少し紹介しよう。きちんとやれば、次のようになるのだ。

■コンテンツは、1000人でも、10万人でも、なんなら100万人でも、一度に教えられる。対象は無限。営業担当者ひとりが「教える」ことができるのは、たいてい、目の前にいる相手だけ。

■コンテンツは不眠不休。24時間、土日祝も関係なく、年中無休で働いてくれる。休暇をくれとも言わないし、病欠もない。ひたすら働き続ける。

■コンテンツは歩合給も必要ないし、昇給を要求されることもない。転職してしまうこともない。こちらが決めたルールや指示に必ず従ってくれる。

■たった1つのコンテンツが、長い間、こちらがその存在をすっかり忘れてしまったあとも、ずっと働き続ける場合もある。（紹介してきたリバー・プール＆スパの記事の多くは、書いてから何年もたっているが、いまも毎年数十万ドルの売上につながっている。基本的に、「息が長い」）

ほかにもすごい数字がある。

プールの営業マンだった数年間は本当に辛かった。とてつもなく長い移動時間、そして、客と顔をつき合わせることに明け暮れる日々だった。しかも、1回の訪問営業に平均2、3時間はかかるし、そのほとんどが自宅から2時間以上かかる距離にあったから、相当厳しい仕事だったことがおわかりいただけると思う。

さらに言うなら、2007年。プールを75面販売するには、成約率30%として、250件ほど訪問しなければならない。この年は毎週60時間をゆうに超えて仕事をし、夜10時、11時を回らないと家に帰り着けないことがほとんどだった。家族との時間はないも同然だった。

こんな話をしているのは、なにも自分を褒めるためではない。本書で紹介している考え方をあなたも自社に当てはめることで、もたらしうる違いを知ってもらうための準備をしているだけなのだ。あなたがどういうタイプの人かはわからないが、車を長時間運転して営業するだけの人生など、生計を立てるにも、持続するしっかりした営業文化を培うにも、健全な方法とは言えないだろう。

では、話を先に進めよう。宿題営業および、営業プロセスのすべてにコンテンツを組み込むやり方を始めた2013年。販売したプールは95面、これだけを販売するのに**120件の訪問で済んだのだ。成約率79%。**

この数字をほかのプール会社に話すと、そんなに少ない商談で、そんなに多くのプールを販売できるなんて、信じられない、と言われる。

でも、そう言っている人たちが見落としている重要な点がある。

この95人の顧客が読んだうちのウェブサイトは、平均何ページくらいだったと思われるだろうか。

30ページ、ではない。

50ページ、も違う。

80ページ、でもない。

信じられないかもしれないが、正解は、105ページだ。

そのとおり。95人が、うちのウェブサイトを平均105ページ読んでくれたうえで、プールを購入してくれたのだ。

2016年現在、この数字はさらに上向いている。

これと同じ現象を、クライアントとともにほかの業界でも目にしてきているが、今もなお、こうした成果を見て感動している。デジタル時代の消費者行動には、実に驚かされている。

いったいそんなことが本当に可能なのか、と思われるかもしれない。

実際、あなたが7年前のわたしのところへやって来て、「プール購入者は、おたくのウェブサイトを100ページ以上読んでから購入しているのを知っているか?」なんて尋ねてきたら、わたしはあなたの顔をじっと見つめて、バカ呼ばわりし、頭がおかしいんじゃないか、うちの客や購入者のことも、この業界のことも、なにもわかっていない、とでも言っていただろう。

そしてそれは、完全に間違っていたわけだ。

残念なことに、今これを読んでいる最中にも、うちの業界や会社はまた別だから、こういう考え方は当てはまらない、と思っている人がまだいるかもしれない。でも、断言する。考え方はまったく同じなのだ。

ここ数年、セールスライオンのクライアントで、「訊かれたことに答える」に着手し、多くの啓蒙情報を自社サイトで提供するようになった企業はいずれも、相手（B2BおよびB2C）がどのくらいの分量のコンテンツを見てから購入を決定しているか、気づくようになってきた。

あと2、3点お話ししてから、この章を終えよう。

先ほど、2013年に120件の営業訪問で95件成約したことに触れた。これがあなたの会社の営業担当者に与える影響を考えてみてほしい。250件訪問する代わりに、（当時のわたしよりも営業力がおそらく劣る）担当者はその半分以下の訪問件数で済み、しかもわたしを上回る劇的な成約率で契約できるのだ。

ちょっと計算してみよう。1回の訪問営業に、車で片道少なくとも2時間かかり、商談に2、3時間かかる。つまり、1訪問につき、平均で6、7時間とられる、ということだ。以前とくらべて訪問件数が130件少なくて済み、しかも成約率が高い、となれば、年間800時間以上の営業の手間と時間の節約になる。

1年間で浮いた800時間で、営業担当者はどんなことができるだろうか。答えは明らかだ。

■有望リードにもっと時間を割ける。
■ネットワークづくりや事業開発にもっと注力できる。
■なによりも、一番やりたいこと（家族、友人、大切な人と過ごす時間、趣味など）に時間を割ける。はっきり言って、これが一番重要。

ここでの教訓。

コンテンツの威力はなにも、リード、トラフィック、売上高だけではない。

ブランドの構築だけでもない。

会社、社員、営業担当者にもっと時間をもたらすことなのだ。時間は決して取り返すことができない。去ってしまえばそれきりで、もう2度と取り戻せない。（わたし自身、証明できるし、あなたもきっとそうだと思う）。

このすばらしい（時間という）贈り物を従業員にあげることができれば、従業員の士気や企業文化が向上するだけでなく、その過程で、社会にも大きな影響を与えることになるのだ。

第30章 よくある落とし穴も宿題営業で回避できる

宿題営業の話を終える前に、この営業戦略を活用すれば、よくある落とし穴や失敗を回避できることをお伝えしておきたい。

こんな営業シーンがよくある。相手に提案書や見積書を渡してから数日たっているのに、その後なにも言ってこない。営業担当者はだんだん心配になってきて、相手にメールを送る。だいたい次のような内容だ。

> ジョーンズ様、こんにちは。先日お伺いした際、提案書をお渡しいたしました。なにかご質問がございましたら、ご遠慮なくお知らせください。ご検討どうぞよろしくお願いいたします。

これではまるで「お願いだから見捨てないで」と言っているようなもの。次のような本音が透けて見えるからだ。

愛しいジョーンズ様、わたしのことをまだ愛してくれていますか？　イエス、それともノー？　どうか、イエスでありますように！

提案書や見積書を受け取ったとたんに相手がなにも言ってこなくなると、だれもがこうしたメールを送っている。でも、これではなんの役にも立たない。

こういうとき、宿題営業のとてつもない威力がすぐにわかる。宿題営業の考え方をメールに応用すれば、次のような内容になるはずだ。

ジョーンズ様、こんにちは。先日お伺いした際、提案書をお渡しいたしました。そのとき、いくつかご質問や懸念材料を口にされていらっしゃいました。そうしたご懸念の払拭になればと思い、具体的に回答している動画と記事を添付しております。どうかお時間をとって、お目通しください。今回ご判断されるうえで、きっとお役に立つはずです。明日、お電話差し上げます。どうぞよろしくお願いいたします。

対面営業で売り込みや提案をする場合、相手の懸念材料にはきちんと対応した、と思うのが当然だし、実際そのときはそうしたかもしれない。ただ、相手があとから営業担当者とのやりとりや提案を振り返ったとき、こうした懸念材料が再浮上することはよくあることだ。

そのときに、「お願いだから見捨てないで」タイプのメールではなく、先ほどのようなメールを書くことで、大きな利点が2つある。

1　心配することはなにもありません、という念押しになる。相手の課題に対するベストソリューションをこちらは提示しているのだ。相手の特定の問題に関して、こちらには専門知識があることを再認識させることができる。

2　次のいずれかの返信を相手に迫ることになる。

「ありがとう、助かります！　まさに欲しかった情報です」と返信してきたら、相手は関心があり、取引の観点でかなり有望であることは間違いない。

一方、関心がない、合わない、と言ってくる人もいるだろう。言われた宿題をしたかと尋ねられるのがわかっているから、正直に答えざるをえなくなる。これまで説明してきたように、ビジネスでも人生でも、時間が一番の財産だ。だから、「関心ありません」「実は、ほかに頼むことにしました」と率直に言ってもらえることは、貴重な時間の節約になる。

いまこの瞬間もまだ、宿題営業を採り入れるなんてうちではムリ、と考えている人もいるかもしれない。そんなことはまったくない、とわたしが断言する。

実際、セールスライオンが協力しているクライアントで絶好調のところはすべて、中小企業も大企業も、コンテンツを営業に活用するこの考え方を採り入れている。もちろん、取扱製品、サービス、買い手、営業サイクル、その他の要因によって変わるが、啓蒙を営業に活用する考え方は同じなのだ。

第31章 合うかどうかも宿題営業で見極められる

核心をついたわかりやすい例を挙げよう。デジタル営業&マーケティング代理店の当セールスライオンでも、宿題営業を活用してリードに営業している。言っておくが、うちのクライアントもまた企業であり、消費者ではない。

相当な数のリードがどんどん入ってくるから、うちに合わない企業ではなく、合う企業と取引するよう、気をつける必要がある。うちがどういう会社で、どういうサービスを提供しているのか、さっぱりわかっていない、つまり、まったくなにも調べていない相手とではなく、しっかり調べて理解している相手と取引したい。

セールスライオンでは、『Inbound and Content Marketing Made Easy（インバウンド&コンテンツマーケティングは難しくない）』と題した200ページのeブックを用意している。うちのウェブサイト経由でコンタクトをとってくる担当者や企業には、まずこのeブックを読んでもらったうえで、話を聞かせてもらっている。

このeブックをどうやって相手に渡しているのか、と思われているかもしれない。相手はたいてい、うちのウェブサイトにある問い合わせフォームで「電話相談予約希望」を伝えてくる。するとこちらから次のような内容のメールが相手に送信されるようになっている。


ジョーンズさん、こんにちは。当セールスライオンにご連絡くださり、誠にありがとうございます。問い合わせフォームから、電話相談の予約希望をいただきました。お話を伺うのを楽しみにしております。ただその前に、まずは添付のeブックをお読みください。双方にとって実りあるやりとりにするため、そして、当社の経験を最大限活用していただくためです。このeブックは、当セールスライオンの考え方すべての核となるものです。お読みいただき、書いてある内容になるほどと思っていただける場合は、貴社と貴社のニーズに当社がふさわしいことがご理解いただけると思います。

一方、お読みになって、貴社のお考えと合わない場合も、いま抱えていらっしゃるニーズには当社がふさわしくないことがおわかりいただけるはずです。このeブックをすべてお読みになった時点で、本メールにご返信ください。電話相談の日時を設定させていただきます。すでにお読みになった方は、その旨お知らせください。電話相談の

準備をすぐにさせていただきます。よろしくお願いいたします。 マーカス

このメールのユニークな点をいくつか取り上げよう。

■あることをおこなえば、**相手にとって**よりよい体験が待っている、という考え方がこのメールのベースにあることに注目。次のように言うよりずっといい。「ジョーンズさん、こんにちは。わたしの時間を割く価値があなたにあるのか、よくわかりません。それを知るために、これを読んでください」

■このメールで注目してほしい2つめは、武装解除の考え方（第18章参照）を、相手に対して次のように使っている点。

- 最初からいきなり、こちらが相手に合わない可能性があることを認めている。
- 合うかどうかを確認するのは相手次第、と思わせておいて、実際には、相手企業がうちに合うかどうかをこちらが確認している。
- 決定権は完全に相手にある、と思わせている。優れた営業担当者なら理解しているように、最大の鍵のひとつは、決断しているのは自分だ、と思わせるように仕向けること。人はみんな、自分の運命に責任を持っているのは自分であり、だれにも指図されたくな

い、と思っている。

いま、こんなふうに思っているのではないだろうか。**初めて話をする前に、200ページのeブックをまず読もうとする人がいるなんて、考えられない！**

繰り返すが、そんなことはない。読もうとしない人は、うちに合わない人だけだ。

こんなふうに考えられないだろうか。営業とマーケティングに関するわたしの発言・考え・教え・哲学をまとめた200ページを読んだうえで、見積や提案を求めて相談して来る人であれば、わたしやわたしの会社を信頼せず、見積をほかにもたくさん依頼している可能性は低い。

事実、この200ページのeブックを読んだ人は、わたしを気に入ってくれるか、毛嫌いするかのいずれかだ。

毛嫌いされても構わない。合わないとわかっているから、電話相談には至らず、双方にとって時間の節約になる。

気に入ってもらえたら、営業サイクルがぐっと短縮されるし、かなり実りのあるやりとりができる。

ご想像のとおり、まったく同じことが本書にも言える。本書を読んで、なんだこれは、と毛嫌いする人もいるだろう。それでも構わない。

一方、読んでから、自分のビジネス（あるいはベンダー、カンファレンスなど）に採り入れたいので、わたしと話をするためコンタクトをとろう、とする人もいるだろう。

確実に言えるのは、この場合の営業サイクルはそれほど長くはかからない、ということ。必要なことはほぼ済んでいるからだ。

ここまで、例を2つ紹介した。モノを販売している企業の場合と、サービスを提供している企業の場合だ。

何度も繰り返すが、うちが取引しているありとあらゆる規模や業種の会社が、それぞれのやり方で、この考え方をうまく活用している。それでも、基本的な考え方は変わらない。

■営業が送るメールはすべて、啓蒙するチャンス。したがって、相手に教えるコンテンツを含まないメールを（単なる営業バリエーションならなおさら）送らないように。送っても意味がない。

■お気づきのように、営業プロセスでコンテンツを実際に活用するのは、営業担当者だ。宿題営業を実行し、コンテンツを営業プロセスに活用するつもりなら、営業担当者がそうしたコンテンツをしっかりと理解し、認識していなければならない。次章では、まさにこの点と、営業部門とマーケティング部門が縦割りではなく、協力して完全にひとつになる重要性をお話ししよう。

第32章
事例4「スタートアップが新たな業界のソートリーダーに」

ここ数年のデジタルマーケティングにおける成功例には、よく似た動機で始めた企業が多い。それは、同業他社から発信されるけたたましいマーケティング騒音のなかで、自分たちの思いをきちんと伝えたい、という動機だ。こうした企業の多くは、既存市場に入り込む方法をなんとかして見つけるべく、インバウンドマーケティングと「訊かれたことに答える」を活用している。

ヘルス・カタリストもそうしたユニークな企業だ。まだ初期段階にあった、ヘルスデータのアナリティクス業界に参入。２０１０年創業の同社は、データウェアハウス、アナリティクス、成果向上をおこない、ヘルスケア業界（病院など）が利用できるインフラの提供により、医療行為におけるムダを特定し、結果的に、患者ケアの改善やトータルコストの引き下げを可能にしている。

ヘルス・カタリストは、この新たな分野において、オンラインで疑問に回答している企業が1社もないことにすぐに気づいた。この分野には有名大手数社も参入しつつあったが、ヘルスデータのアナリティクス分野でソートリーダーと呼べるところはまだなかった。

したがって、オンライン検索をしても、きちんとした情報が皆無だった。この業界には巨大な情報真空地帯があることに気づいた同社は、そこを埋めようと決心する。ほかの企業とちがい、必死で声高に主張する必要もなかった。競合他社がゼロだったからだ。他社を押しのけてステージに立つのではなく、ステージを作ることができたのだ。

ポール・ホルストマイヤー（ヘルス・カタリスト上級バイスプレジデント、ヒューレット・パッカード前バイスプレジデント）が役員に就いた2012年は、同社の営業・マーケティング活動をスケールさせる準備が整った頃だ。それまでのマーケティング活動の大半は、口コミによる紹介とプレスリリースだった。ホルストマイヤー氏は、ほぼゼロの状態からマーケティングキャンペーンの開始を任された。マーケティング部門を率いるのはやや不慣れだった同氏は、優れたマーケティング活動とはどういうものかを調べ始めた。


マーケティングにおける最新かつ最善のもので加速させなければ、と考えたわたしは、コンテンツマーケティングのコンセプトについて、読んだり調べたりし始めました。マーカス・シェリダンの著書『Inbound and Content Marketing Made Easy（インバウンド・コンテンツマーケティングは難しくない）』をたまたま見つけ、その考え方（「訊かれたことに答える」）が自分の考えと一致していたため、数カ月後に当社へ研修にお越しいただくことになったのです。

「訊かれたことに答える」基本方針は、ホルストマイヤー氏自身の考え方と一致するものだった。製品やサービスを販売するだけのブランド構築ではなく、市場啓蒙をベースに、業界における文化を創造する考え方だ。

従来型マーケティングはもはや機能していない、と考えていました。わたしが調べたデータもそれを裏づけています。ブランドを本当に信頼している人は約30％しかいません。したがって、たいていの場合、企業の言っていることなどだれも信用していない、という観点から始める必要があるのです。

ヘルス・カタリストのこれからの基本方針は市場をきちんと啓蒙すること、ホルストマイヤー氏がほかの役員たちをそう説得するのは難しいことではなかった。研修がまだ始まる前から、全組織をあげてこの考え方に同意し、目指すべき明確な方向性とともに、その新たなビジョンを実行するマーケティング部門を新たに立ち上げた。

当社が提唱していることはヘルスケア業界にとってかなり目新しいものですから、市場啓蒙の必要性は理解していました。その考え方をマーカスから話してもらいましたが、当社の考えの枠組みにすぐ当てはまるものでした。マーカスとの研修会が、このプロセスの正式開始の出発点となったのです。

第1段階「マーケティング部門と営業部門の統合」

ヘルス・カタリストはまず、「訊かれたことに答える」の手法どおり、顧客やクライアントからよくある質問のリストアップから始めた。このために、マーケティング部門は営業部門へ話を聞きに行った。ここで、ベテラン営業担当者が、各地を飛び回っていること（同社が提供しているサービスをクライアントや見込客に説明するための出張）、また、この分野の専門知識があるため、マーケティング部門よりもコンテンツ制作に向いていることに、ホルストマイヤー氏は気づいた。

説得するのはわけないことでした。「これから生み出すマーケティングエンジンの目的は、ひとえに啓蒙にあります。営業を担当するみなさんにも関わってもらうことで、出張が減り、負担軽減にもつながります。オンライン記事掲載とウェブセミナーの2通り制作しますから、対象者は10人どころではなく、何千人という人にコンテンツを届けていくことになるのです」と言えば済んだのです。

すぐに理解してもらえました。幸い、この分野の専門知識がある当社の社員は、米国内どこへ行っても通用する専門家でした。新たな市場とはいえ、当社がすでにソートリーダーであり、需要もすでにあったのです。

この第1段階で、ホルストマイヤー氏率いるマーケティングチームは、営業担当者の専門知識を最大限に活用し、説得力のある記事を書いた。ところが、営業担当者に話を聞いたり、マーケティング部門でも独自調査をしたりしているうちに、数カ月後には、マーケティング部門が営業部門をソートリーダーとして上回り、コンテンツアイディアを以前ほどには営業に頼らなくなった。
コンテンツを毎週3本制作するようになると、情報がほぼ皆無だった業界だけに、検索ページのトップに表示されるのもわけないことだった。

対象としている戦略的キーワードフレーズは約77ありますが、ほとんどの場合、当社が表示されます。キーワードセグメントは3つあり、1つめのセグメントで、当社のキーワードの95％で1位表示されます。ほかの2つのセグメントで、50％です。グーグル検索の1ページめにこのキーワードの100％、うち50％がトップ表示されます。

同社の取り組みがこれほどうまくいっているもうひとつの理由は、営業部門とマーケティング部門の垣根をなくし、全員がコンテンツの制作・配信に関わっているからだ。しかも、営業担当者がコンテンツを活用しているだけでなく、その活用の仕方にも理由がある。ホルストマイヤー氏がこう説明している。

コンテンツチームも成長しています。中心となるチームのほかに、「事例」を専門に書くチームもあります。営業担当者は特に事例をよく活用しますから。当社ウェブサイトに「マイフォルダ」というツールも新たに加えました。このツールを使えばだれでも（一番よく利用するのは営業担当者）、当社ウェブサイトの記事・事例・情報などを一覧して検索し、クライアントに送信するために「マイフォルダ」に保存できます。すると、次のようなメールが自動生成されるのです。「ジョージさん、先日はお時間をいただき、ありがとうございました。◯◯についてもう少し詳しく知りたいとのことでしたので、特に関連のある記事を3本お送りします。ご一読のうえ、またご意見をお聞かせください」

第2&第3段階「ライブウェブセミナーやイベント」

同社サイトへの定期的なコンテンツ掲載は非常に効果的だったが、市場啓蒙のためにもっとなにかできるのでは、という自覚もあった。クライアント教育は同社にとってきわめて重要だ。必要な情報がすべて揃っていることは、営業担当者が新規クライアントを獲得するうえで役に立つが、取扱製品の専門性の高さから、適切な購入および使用をクライアントに促すには、確実に正しく使ってもらわなければならない。

そこで、マーケティング戦略第2段階として、ライブウェブセミナーを定期的に開催することにした。対象者は、クライアントや見込客のほか、同社研修会への参加希望者だ。このウェブセミナーはすべて無料公開で、その多くは録画され、関心が高そうなテーマが常に用意されている。以下、ホルストマイヤー氏。

> ウェブセミナーで興味深いのは、みんなからこう言われたことです。ヘルスケア業界でウェブセミナーを成功させる唯一の方法は、自社のことではなく、クライアントを取り上げることだ、と。でも、この分野のソートリーダーたちは当社の人間なのです。そこで、社内で話し合い、開催するウェブセミナーは、「コンテンツマーケティングの考え方」でいくことにしました。つまり、啓蒙や教育を目的とする、ということです。社名をアピールするつもりはまったくありませんでした。当社の考え方や業務内容を広く知ってもらうことが目的なのです。

「プロモーションよりエデュケーション（販促より教育）」の精神で取り組んでいるこうしたウェブセミナーは、すばらしい成果をあげており、参加申込者は平均600〜700人、1回のセミナーに1200人が出席している。

マーケティング戦略第3段階は、イベントの立ち上げだ。イベント開催に関してホルストマイヤー氏が心配したのは、サードパーティではなく、製造販売者がイベントを主催することによって、販促色が強くなりすぎ、市場啓蒙色が薄れてしまうのではないか、ということだった。ヘルスケア・アナリティクスのサミット主催に同意したのは、ヘルス・カタリストを売り込むイベントではなく、あくまでも啓蒙サミット、という厳密な方針が条件だった。

このサミットで当社名を出したのは、「ヘルス・カタリスト提供」という小さなロゴのみです。それも、よほど注意していなければ見落としていたでしょう。あくまでもアナリティクスに関するイベントであり、広告主のイベントにはするまい、と決めていました。そこで、イベントの最後に参加者に投票をお願いしたのです。これは企業イベントだと感じたか、それとも、アナリティクスのイベントだと感じたか、と尋ねたところ、94%の人が、当社の方針どおり、ヘルス・カタリストではなく、アナリティクスに関するイベントだった、と回答したのです。

ブランド構築よりまず啓蒙、という同社の目的や方針が明白だからこそ、この分野で信頼されるソートリーダーになっているのだ。ヘルス・カタリストがアナリティクスサミットを初めて開催したとき、予想される出席者は100〜250人だったのが、実際には、620人が出席した。2回めも予想をさらに上回る数だった。

第2回ヘルスケア・アナリティクスサミットをちょうど閉会したばかりです。大幅拡大でした。定員の1000人分のチケットが開催の6週間前に売り切れてしまったのです。参加者をもう少し増やすため、承認を得なければならず、最終的には1040人の参加者で、180人がキャンセル待ちでした。イベント開催2年めにしてです。

成功と今後の計画

こうした取り組みでヘルス・カタリストの知名度があがり、業界のソートリーダーにもなった。同社のマーケティング戦略がベースとした、啓蒙・教育・透明性は、一種の企業文化になっている。そのことに、この業界のほかの人たちも気づいている。以下、ホルストマイヤー氏。

市場からの総合評価を複数のアナリストに依頼すると、当社は常にトップにランクされています。また、別のアナリストからは、この業界で知るかぎり、当社のマーケティングがもっとも優れている、と評価されました。当社社長も「ヘルスケア業界に25年いるが、こんなのは初めてだ」と言っています。当社のクライアントは、よく理解したうえでコンタクトしてきてくれます。商談していても、当社の業務内容をすでにご存じなのです。うちのコンテンツを読み、疑問にもすでに回答を得ているからです。クライアントの多くが、初めて商談に入る時点で、購入する準備ができているのです。

わずか2年あまりで、ヘルス・カタリストのウェブサイトのトラフィックは劇的に伸びた。2013年8月に月間数千人だったのが、2015年10月には11万5000人を超え、しかもその増加分のほとんどが、堅実な検索エンジン最適化（SEO）によるオーガニックによるものだ。

こうしたマーケティング活動の費用対効果を今すぐには測定しづらいのは、当社の営業サイクルが平均12〜18カ月だからです。平均売上高は250万〜300万ドルで、クライアントは全部で30社あります。リードを創出するものがひとつとはかぎらないことも、効果測定しにくい要因のひとつです。常にいくつかが組み合わさっていますから。コンテンツ、ウェブセミナー、イベントがあり、「もっと詳しく知りたい」とウェブサイトに問い合わせてくる人もいます。リードの定義にもよりますが、3カ月ごとに約200件の問い合わせがあります。このマーケティングエンジン経由のリードを追跡したところ、全リードの60〜70%がそうでした。

ヘルス・カタリストのこのマーケティング事例は、B2B業界の究極の例だ。「総合病院がネットでベンダーを探すわけがない」と考えるのではなく、啓蒙と透明性へのこだわりがブランドとビジネスに多大な影響を与えうることを受け入れたのだ。

しかもその効果ときたら、まったくすごいものだった。

第3部

実行し、
企業文化にしていく

コンテンツマーケティングを試してみて、失敗した企業は少なくない。わたしはこのテーマで多くの企業と話をしてきたから、うまくいかなかったありとあらゆる理由を聞かされてきている。一方、わたしが経営するコンサルティング会社でも、数多くの企業やブランドがそれぞれの分野で大きな成果をあげられるよう、支援してきている。とてつもない成果をあげている企業もある。

完全に失敗してしまった企業もある。

成功例と失敗例を分析してみたところ、どんな組織でもうまく機能させるには、4つの重要なカギがあることに気づいた。最終的には、ビジネス・ブランド・利益を確立させ、そうする過程で真の文化となるものだ。この第3部でこれから詳しく説明していくその4つのカギは、以下のとおり。

1 **社内全員の同意** コンテンツマーケティングの、何を、どのように、なぜ、をしっかり理解している専任者と、中心となる部門を通じて成功させている。

2 **インソーシング** 従業員に職務の一環としてコンテンツ制作させるプロセス。

3 **コンテンツマネジャー** 社内のだれかがこの取り組みの責任者となり（片手間仕事ではなく）専任で担当しなければ、うまくいかない。

4　**適切なツールの活用**

適切なツールを活用しなければ、コンテンツマーケティング活動の真の費用対効果を測定するのはかなり難しい。

第33章 インソーシング&社員活用で優れたコンテンツを生み出す

率直に言って、インバウンド&コンテンツマーケティングを試しにやってみている組織は非常に多い。よく見かけるのは、コンテンツ制作をデジタルマーケティング代理店などに委託するやり方だ。コンテンツ制作を「アウトソーシング」するのは、決して悪いことではない。ただし、どうしても欠点がある。その理由は以下のとおり。

1　コンテンツ制作者（代理店の社員）がこちらのことによほど精通していないかぎり、会社・ブランド・ブランドにまつわる話・専門知識を正確に表現してもらうのは相当難しい。自社ならではのコンテンツや話はビジネスの真髄である場合が多いから、その「真髄」を外部の人間がきちんと反映させるのはかなりの難題だろう。

2　代理店は一定の「納品事項」を定めている。「ブログ記事を月6本書く」といった項目が契約内容に含まれている場合が多い。今月は自社サイトにブログ記事が6本アップされる、と事前にわかるのは便利だ。ただし、「訊かれたことに答える」に従ってコンテンツマーケティングを実施し、大きな成果をあげている企業は、コンテンツの数を特に制限していないのが一般的。つまり、こういうことだ。

■ブログ記事を月10本書こうと思えば、そうする。
■動画を月12本制作しようと思えば、そうする。
■ブログ記事を1本だけ、かなり長いが役立つものを書こうと思えば、そうする。
■自社ウェブサイトの一部を改良し、買い手のニーズや懸念材料によりよく応えるものにしようと思えば、そうする。

なにが言いたいかおわかりいただけると思う。表現形式、契約や納品事項に縛られることなく、優れたコンテンツをひたすら制作するクリエイティブの柔軟性が、非常に説得力のあるものにつながるのだ。

3「コンテンツ制作を代行する」代理店に頼ることなく、自分たちで制作する場合、学習曲線は最初こそゆっくりかもしれないが、最終的には劇的に上向くことが多い。

4 重要なのは、自社の話やコンテンツが、営業の発信メッセージを真に反映していること。つまり、コンテンツの選択や制作に営業担当者が密に関わっていることが理想だ（詳細はのちほど）。適切におこなえば、連絡してきた相手は最初から、「やっぱり、思ったとおりの会社だ。コンテンツで見聞きしたとおりのことを言っている」と思ってくれる。

結局、コンテンツを自社で制作するか、外部に委託するかの問題は、画家の本質とよく似ている。画家本人が絵筆をとらずに、真の傑作を生み出せるはずがない。それと同じことが、このデジタル時代のソートリーダーを目指す企業にも言えるのだ。

念を押しておくが、すばらしいコンテンツを制作している優れた代理店もたくさんあるし、腕利きのゴーストライターも大勢いる。でも、多くの競合他社のなかから抜きん出ようとするなら、並の出来ではダメだという事実は変わらない。他社と同じようなことをしていてはムリなのだ。もっと多く、しかもより優れたコンテンツを制作する必要がある。

というわけで、コンテンツ制作を外部に委託するのではなく、自社で責任を持っておこなうことが、とても重要になる。

これは、コンテンツ制作のアウトソーシングとは対極だ。当セールスライオンで「インソーシング」と呼んでいるもので、それは次のように定義できる。

自社のサービスや製品に関する知識のある社員を活用し、マーケティング部門に代わって啓蒙コンテンツを制作してもらうプロセスのこと。これによって、買い手中心の、より優れたコンテンツ、より知識のある営業担当者、ブランド認知の劇的アップ、につながる。

第34章
インソーシングをどうやって企業文化にしたか

本書の序文を読んだ人は、ブロックイメージングとクリスタ・コトローラのことはすでにご存じだろう。クリスタは同社の事業をなんとしても好転させたいと考え、それには「訊かれたことに答える」が事業救済になるだけでなく、そうすることで、医療画像機器分野でリーダーとなる鍵になる、と認識していた。

ところが、営業部や上層部に話を持ちかけてみても、だれひとり、この考えに共感してもらえそうになかった。その理由は次の2つだ。

1「そんなことしている暇はない」
2「それはわたしの仕事じゃない」

この2つの理由をちょっと考えてみよう。「暇がない」と言う人は、口にこそしなくても、要するにこう言いたいのだ。「いま説明してくれたことは、あなたには重要かもしれないけど、わたしにはそれほど重要ではない」

つまり、時間を割くほどの価値はない、と思っているわけだ。

おもしろいことに、人でも企業でも、なにかに価値を見出したとたん、すぐに時間をつくろうとする。それどころか、利益や価値が認められたら、「時間」が問題となることはない。「それはわたしの仕事じゃない」という理由も基本的には同じだ。2016年時点で、社内の人間がマーケティング部門に「それはわたしの仕事じゃない」なんて言っているようでは、このデジタル時代の営業・マーケティングの変容ぶりを理解していないのは明らかだ。本書冒頭で説明した70％という数字も、買い手の行動がいかに変化しているかも、理解していない。なんども言うが、まったくわかっていないのだ。

クリスタの場合、ブロックイメージングの上層部も営業部も、この非常に重要な考え方の価値を理解していなかった。とはいえ、社内のほかの部門から協力が得られないマーケティング部門の例は、いまでも世界中にごまんとある。「ごまんと」は誇張でもなんでもない。実際、わたしがセールスライオンを立ち上げて以来、受け取ってきたメールで1番（しかもダントツで）多いのは、次のような内容なのだ。

わたしはマーケティング部門にいる者です。正直に包み隠さず教えるこの考え方をビジネスに活用するのはとてもいいことだと考えています。ところが、うちの上層部にも営業部にも、どうしてもわかってもらえないのです！

こうしたメールをここ数年で何百通と受け取っているから、送信者のいらだちは手に取るようにわかるのだ。

縦割り業務をなくすべき

クリスタのジレンマも、マーケティングに携わる多くの人たちと共通している。自社の製品、サービス、買い手のことは理解しているが、営業担当者や上層部とは理解の仕方が違うのだ。つまり、マーケティング担当者は（一般的に言って）各テーマの専門家ではない。見込客や顧客からの主な質問を耳にしているのは、結局（組織のなかでもとりわけ）営業だし、そうした質問に答えているのも、やはり営業なのだ。

ビジネスの最前線にいる営業を、営業プロセスのなかでも売上に多大な影響を与えるこの部分に、なぜ組み込もうとしないのか。「このコンテンツを作ってくれ。リードをたくさん獲得してくれ。見込客を営業ファネル内でどんどん推し進めてくれ」とマーケティング部門に伝えさえすればいい、という考え方はまったくばかげているし、とんでもない話なのだ。

コンテンツの、何を、どのように、なぜ、を理解する

インバウンド、コンテンツ、「訊かれたことに答える」を、ほかのさまざまな部門に理解してもらえるよう、話をしに来てもらえないか、とクリスタから依頼されたとき、わたし自身と相手企業にとって、これはとてつもないチャンスだと思った。

相手企業にとってチャンスなのは、社員全員が集まり、医療映像機器の分野で1番の教え手となるうえで具体的な、何を、どのように、なぜ、を理解するために、集中して話を聞いてもらえるはずだからだ。

わたし自身にとってチャンスなのは、こうした研修で教えに行くのは、これが初めてだったから。コンテンツマーケティングという真の「文化」を養うことに焦点を当てた研修だ。この研修がクリスタのチームにどれほどの影響を与えることになるか、そしてまた、クリスタと同じような立場の人がほかにも大勢いて、この考え方に全社一丸となって賛同してもらうべく奮闘していることがわかっていたから、プール屋の仕事はそろそろ終わりにすべきだと考えていた。

その日以来わたしは、世界中でこの種の研修で何百回と話をしてきて、その成果が桁外れなのを確認してきている。そして、それだけの成果をあげるカギは、次の3つに集約できる。

1　コンテンツマーケティングとはいったい何なのか。
2　それ（「訊かれたことに答える」）はどのようにおこなうのか。
3　社内全員が関わるほど重要な理由は何なのか。

ブロックイメージングではそれ以来、クリスタのおかげで、50人は優に超える社員が作成した記事や動画などが、会社ウェブサイトに掲載されるようになっている。これもすべて、全員がひとつの重要な点を理解したからだ。

ひとりひとり、全員が教え手であり、みんなの意見が重要。

企業がこんなふうに考えるようになれば、なんだって可能になる。マーケティング部門も変わるし、営業部門も変わる。縦割り業務がなくなり、企業文化もチームワークも強化される。

こうなれば、どんなことが可能かをしっかり理解してもらうために、次のメールを読んでほしい。これは、ブロックイメージングで初めて研修したときから5年後の２０１６年初め、ある営業担当者がクリスタに送信したものだ。

マーケティング部門のみなさんへ
こんな話、みなさんはもう聞き飽きているかもしれませんが、わたしはまだ興奮覚めやらない状態です。たったいま、アーカンサスのペインマネジメントセンターと電話会議を終えたところです。といっても実際には、先方の担当者が、わたしの書いたブログ記事をいくつか事前にプリントアウトし、役員会議に持ってきていたおかげで、モデル比較、予算、どういう機器が必要か、といった質問には、この担当者が答えてくれていました。
当社のコンテンツをかなり読んだり視聴したりしていたこの担当者は、わたしと話をするのを楽しみにしていたそうです。ほかにも検討している他社の見積がいくらだったかも教えてくれました。当社のほうが高いかもしれませんよ、とわたしが言っても、「おたくを信頼していますから、それでも取引したいと考えています」とまで言ってもらえたのです。
もちろん、ここまで準備している人ばかりじゃありませんが、うちのファネルがうまく機能しているときは、もうめちゃくちゃ素晴らしくて……。この案件を逃すことはありえない、とまでは言いませんが、成約に向けての態勢は万全です。コンテンツ作りのこの取り組みは、本当にやりがいがあります！　当社が際立っているのも、マーケティングチームのみなさんの素晴らしい努力のおかげです。どうもありがとう。

こんなメールが、あなたの会社でも、営業担当者からマーケティング部門に送られてきたことがあるだろうか。

「訊かれたことに答える」がブロックイメージングにもたらした成果を、クリスタ本人の言葉で紹介して、この章を締めくくろう。

「インソーシングとコンテンツマーケティングのおかげ、と言える売上高は、少なくとも2000万ドルあります。これに取り組んでいなければ達成できなかった金額です」

第35章　成功させるために——企業研修で伝えている8つの原則

ここまで読んできたあなたが、「訊かれたことに答える」に取り組む気満々になっていることを期待している。

自社やブランドが、その分野でもっとも信頼のおけるソートリーダーとして認められるようにしたい。

インソーシングの考え方で、専門知識がある社員を巻き込みたい。

これを企業文化にしたい。

そうは言っても、企業文化は、メールや告知や企業理念に書けば生まれるものではない。

おわかりだと思うが、本書を読み終えるなり社内関係者にメールを送り、「これからは客の質問に答えたり、ブログを書いたりしよう」と呼びかけたところで、すぐに行き詰まるのがオチだ。

ここでもまた、「訊かれたことに答える」の**何を、どのように、なぜを、**社員全員が理解する必要がある。社員には「事業計画」に見えるものを、やがては企業文化にしていくためだ。

成功させるには、全社員対象の研修(それに長期にわたる訓練)が不可欠な理由も、まさにここにある。わたしが関わり、並外れた成果をあげているビジネスやブランドはすべて、常に研修がカギとなってこのすばらしい威力を発揮し始め、統一の見方を生み出すようになっている。

わたしがこのことに初めて気づいたのは、ブロックイメージングのクリスタとそのチームと出会ったのがきっかけだ。以来この5年間、大手から中小までさまざまな組織で研修をおこなうなかで、優に200回を越えて目の当たりにしてきている。

では、研修会を開いて社員に理解させたい、と思うなら、どのように取り組むのが一番いいか。焦点を当てるべきカギとなる考え方は何か。とりかかるにあたり、理解しておくべきことは何か。

こうした疑問に答えていくのが、この章だ。コンテンツマーケティングと「訊かれたことに答える」で最大限成果をあげるために、まず理解しておかなければならない8つの主要原則を説明しておこう。コンテンツマーケティングのこの全体像を、ひとつずつわかりやすく説明することを目的とした研修会で伝えられれば理想的だ。

原則1「消費者の期待は変化している」

研修のここでの目的は、出席者の頭のなかを「消費者」モードに切り替えてもらうこと。それは、次の点をよく考えてもらうためだ。**消費者は**インターネットをどのように活用しているか、企業をネット検索して調べる際、**消費者の期待**はどのように変化しているか、知りたい情報が企業サイトにないとき、**消費者は**どのように感じるか。

自分が消費者の立場に立ち、ネットでいろいろ見て回り、購入し、関わる様子を分析できるようにならなければ、見込客や顧客を必要なレベルで理解することは難しい。

原則2「グーグルなどの検索エンジンの機能」

検索エンジンがどのように機能しているかを理解している人は、テック／マーケティング分野以外では**ごくわずかだ。**グーグルで、あるサイト（コンテンツ記事）がほかのサイトより上位に表示されるのはなぜか、きちんと説明できる人もあまりいない。

研修のここでの目的は、**グーグル（その他の検索エンジン）が目指しているのは、利用者（検索者）**

の疑問（ニーズ、問題点、質問など）にもっとも具体的で最適な回答をその場ですぐ提供すること、と理解してもらうことにある。とはいえ、最適の回答を提供したい、とグーグルが考えていても、ネット上で「教える」考え方を採用していない企業や業界がほとんどだから、製品の宣伝ではなく、消費者の質問を中心にした第三者によるウェブサイトに一番美味しいところを持っていかれている。

原則3「消費者の検索の仕方と5大テーマ」

本書の最初のほうで、消費者が抱えている5大テーマの本質と、それによる消費者の検索の仕方について説明した。

1　いくらするのか
2　問題点
3　比較・対照
4　レビュー
5　種類別ベスト

ここでの目的は、ネットでなにかを見て回ったり、調べ物をしたりしているとき、こうした言葉を検索キーワードとして使ったことがどのくらいあるかを思い起こしてもらうことにある。きちんと思い出してもらえれば、全員がなんどもうなずくはずだ。消費者としての自分が、あらゆる観点で、この5大テーマのキーワードをいかによく使っているかに気づくからだ。ここが理解できれば、この5大テーマを**自社**の見込客や顧客にも適用すればいい、と気づくようになる。

この手法で大きな成果をあげるつもりなら、消費者の質問のすべてに答えたい、という思いに妥協は一切許されない。質問の良し悪しや厄介さにかかわらず、訊かれている以上、答えなければならない。また、そうした質問に答えたいという思いを、社員全員が共有している必要がある。頭を砂のなかに突っ込み、質問なんかないことを願う、従来のやり方（ダチョウマーケティング）に逃げ込んでいるようではダメだ。

原則4「コンテンツアイディアをみんなで書き出す」

ここでの目的は、次の質問に答えること。**何を書けばいいのか。**

小難しく考えることはない。重要なのは、相手によく耳を傾けて、抱えている問題点、疑問点、ニーズを知り、そのひとつひとつに（文章、動画、その他の方法で）答えようとする意欲だ。「訊かれたことに答える」考え方と、それが5大テーマとうまく当てはまることを理解したら、次は、見込客や顧客からよく訊かれる質問を片っ端から書き出して、当てはめていく番だ。

この作業は、研修参加者全員に大きな変化をもたらすことが多い。お察しのとおり、営業に関わっている人たちがたいてい中心となる。見込客や顧客と一番よく接しているのはたいてい、営業の人たちだからだ。

原則5「コンテンツが営業プロセスと成約率に与えうる影響」

「なぜ自分たちがコンテンツマーケティングに関わるよう求められているのか、社員が理解している必要がある」と説明したのを覚えているだろうか。この部分は**非常に重要**だ。人生のほかのすべてにおいてもそうだが、だれでも、**それが自分にどう関係するのか**を知りたがる。

優れたコンテンツが、営業サイクルの短縮、有望リード数やマージンのアップに与えうる劇的な効果を理解すれば、営業担当者はたいてい、自分の数字や業績全体に対するその可能性に大いに乗り気になる。

原則6「成功させるには、全社員の意見・才能・知識が不可欠な理由」

ここで重要な点は、いたってシンプル。**マーケティング部門がデジタルマーケティングにおける企業の発信者になってはいけない**、ということだ。マーケティング部門は、顧客動向をほかの部門ほどには常時把握していない。したがって、他部門の社員（顧客と接する営業や各分野の専門家）のコンテンツ制作（それによる信頼獲得）に協力することが（これからの）仕事になる。

つまり、各部門は、自社成長にとっての自分たちの総合的価値も、啓蒙・情報・その他コンテンツに関してマーケティング部門から頼りにされる理由も、理解していなければならない。

原則7「今後のコンテンツ指針」

全社員参加でコンテンツマーケティングに取り組むには、その全プロセスと、どういうことが期待されているのかを、理解してもらう必要がある。網羅すべき質問やテーマはたとえば次のとおり。

■だれが責任者なのか（コンテンツマネジャー、最高コンテンツ責任者など、肩書きはいろいろ）。
■どのくらいの頻度でコンテンツ制作に貢献してもらうのか。それには、どのくらいの頻度でマーケティング担当者と会合する必要があるのか。
■どのような形でコンテンツ制作に貢献できるのか（文章、動画、その他）
■典型的ブログ記事の編集ガイドラインは何か。

研修のこの部分が済めば、次なるステップ、自分の役割、期待されていることが明確になっているはずだ。

原則8「将来を見据える」

ここは、研修のこれまでの内容のまとめになる。会社全体にとって、そして社員ひとりひとりにとっての利益もそうだ。この段階で、非常に活発な話し合いになる場合もある。それは、次のシンプルな問いかけがきっかけとなる。

このコンテンツマーケティングを企業文化として機能させるうえで、妨げになるものがあるとしたら、それは何か。

「訊かれたことに答える」を最大限活用し、コンテンツマーケティングを真の企業文化として確立するには、第1日めから理解していなければならないことが、すでによくわかるようになっていると思う。もちろん、ここで説明していることはすべて、融通がきき、会社や組織のニーズに合わせて調整可能であることもお忘れなく。

とにかく重要なのは、いつも言っているように、**成果がある**、ということ。そうでなければ、反発が来るのもそう遠くないはずだ。

第36章 コンテンツマネジャーの資質、採用、その他

ここまで読んできて、とにかく「うちでもやらなくては」という気になってもらえていたら幸いだ。

そうした感触を得ているなら、すばらしい。すでに、あなたの会社の分野でもっとも信頼され、発言力のある専門家になる途上にいる、ということだから。

とはいえ、こうしたすべてを可能にするには、適切な戦略や営業チームの賛同だけでは足りない。

コンテンツマーケティングと「訊かれたことに答える」を採り入れることは、たいへんなことであり、専任がいなければ、うまく**いかない**可能性が高い。

この「専任」は、組織（特に企業の規模）によって、呼び方もさまざまだ。

■最高コンテンツ責任者
■コンテンツマーケティングマネジャー
■コンテンツマネジャー
■チーフストーリーテラー
■ブランドジャーナリスト
■インバウンドマーケティングマネジャー

もちろん、肩書きは重要ではない。

その専任が社内の人間であることが重要だ。

コンテンツマーケティングを企業文化とすることについて、マーケティング担当者やCEOと話をしていると、次のような流れになることが多い。

マーケ担当／CEO「うちでも『訊かれたことに答える』に従ってコンテンツマーケティングを実施すべきだと思っています。でも、担当している仕事がいろいろあって、わたし自身が関わる時間がとれそうにないのです」
わたし「コンテンツマネジャーを置くべきです。すばらしい成果をあげたい、と本気でお考えでしたら、責任を持ってあたる専任が必要です（大企業の場合は、複数のコンテンツマネジャーと編集者が専任で必要になる）」

マーケ担当／CEO「そうですね。まあ、せめてその一部なら、自分でやれると思うんですが」

わたし「率直に申し上げて、まずムリです。少なくとも、適切にはできないでしょう。どうしたって片手間仕事になってしまいますから。そういうケースをこれまでにたくさん見てきました」

マーケ担当／CEO「でも、うちのような会社が、そのための人材を雇う気がある／雇えるかどうか」

わたし「雇わない場合もやはり、うまくいかない可能性が高いです。中途半端はいけません。片手間仕事ではストレスが増えるだけで、成果は出ません。そうなると、社員が間違ったことを言うようになります。コンテンツマーケティングとやらをやってみたけど、うちではうまくいかなかった、と」

こんなやりとりをここ数年間で何百回とやってきて、しかもいまだに何度となく繰り返しているのだ。

専任が不可欠

実は、ほとんどの企業は、コンテンツマーケティングを恐る恐る試してみてから、本格的にやるかどうかを決めたい、と考えている。ちょっとだけやってみたい気持ちはわかる。でも、やってみたいというだけでは、いい考えとは言えない。

本書で紹介しているさまざまな事例でおわかりのように、当セールスライオンではありがたいことに、目覚ましい成果をあげている企業をたくさん見てきている。こうした成功例すべてに共通していることがひとつある。

優れたコンテンツ制作はフルタイムの仕事であり、専任が不可欠なのだ。

コンテンツマーケティングの真の「責任者」を置かずに、この戦略を試してみたクライアントは、例外なくうまくいっていない。常にほかの職務が優先されて、コンテンツ制作に時間がかかりすぎるし、会社全体がこの考え方を理解していなかったからだ。

でも、自分自身を振り返り、消費者もその購入プロセスも変化していることを理解していれば、ビジネスのデジタル面に細心の注意を払う必要性を否定できるはずがないのだ。

コンテンツマネジャーの仕事内容（1週間の例）

（組織の規模にもよるが）少なくとも1名はフルタイムでなければならない理由をしっかり理解してもらうために、コンテンツマネジャーが実際にどんな仕事をするのか、典型的な1週間の例を見てみよう。

うちのクライアントの場合、企業規模によらず、コンテンツマーケティングで「うまくいっている」1週間は、だいたい次のようになる。

■少なくとも3本の新コンテンツ（文章、動画、音声など）作成に**5〜15時間**
■メールマーケティングに**1〜3時間**
■サイトアナリティクス、SEOなどに**3〜5時間**
■ソーシャルメディアに**1〜2時間**
■プレミアムコンテンツ（eブック、調査報告書、ウェブセミナーなど）の作成に**1〜3時間**
■ウェブサイトの改良（新規ページ、行動喚起の配置など）に**2〜4時間**
■常に学習／研修（ハブスポットなどのツールや新アプリの使い方の習得など）に**3〜5時間**
■必要なコンテンツを営業チームと話し合ったり、研修会を開いたりするのに**2〜4時間**

こうした所要時間が、企業、業界、顧客ベースなどによって大きく変わりうることは言うまでもない。この例は、コンテンツマネジャーが実際に責任をもっておこなう仕事の多様性を理解してもらうための一例にすぎない。

もちろん、これ以外にも時間をとられる仕事がある。こうした仕事があっというまに増えていくのがおわかりいただけただろうか。比較的規模の大きい組織だと、担当者が数人いても、こうした仕事ですぐ手一杯になる。うちのクライアント企業の多くは、コンテンツマネジャーだけでなく、フルタイムのビデオカメラマン、フルタイムのライターなども置いている。

こうした専任を雇うだけの価値があるのだ。

コンテンツマーケティングの適任者を雇う

あなたがコンテンツマーケティングにすべてを賭け、「訊かれたことに答える」を採り入れるつもりだとしよう。コンテンツマネジャーを雇うからには、まちがいなく適任者を雇いたい。「適任」とは、本当に、実にふさわしい、という意味だ。

では、この場合の「適任」の定義はなんだろうか。特に、自社にこのポジションを置こうとしているなら、どういう能力を備えた人物がいいのか。優れたコンテンツマーケティングマネジャー（以下ＣＭＭ）に必要な10の資質は次のとおり。当社がクライアントの依頼でＣＭＭの採用を任されたときも、このリストを必ず利用している。

コンテンツマーケティングマネジャー（ＣＭＭ）に必要な10の資質

１　**書くことが大好き**　言うまでもなく、これは**実に重要**な資質だ。しゃれた文章を書けばいい、ってもんじゃない。だれが読んでも理解できるよう、**明確に伝えること**が重要だ。文章で伝える（そして教える）のがうまい人は、しゃれた文章を書こうなんて思っていない。そんなのはコンテンツマーケティングの目的ではないからだ。そうではなく、「心のこもったやりとり」を目指している。これができれば優れたＣＭＭになれる。

それに、書くことが大好きなら、期日に合わせて、てきぱきと効率良く書くことができる。

この資質は絶対に譲れない。さらに、次のことを肝に銘じておく必要がある。

優れたライターを教育して優秀なマーケッターに育てることはできるが、優秀なマーケッターを教育しても、優れたライターになれるとはかぎらない。

2　**編集が得意**　文章や動画のコンテンツを社内の人間が制作（つまりインソーシング）する場合、最初にできあがってきたものは「荒削り」かもしれない。それでも、優れたCMMなら、質が5のものを9、10あたりに仕上げることができる。その元ネタが読み手にとってなるべくわかりやすくなるよう、最善を尽くすからだ。

大企業の場合、これは編集者の仕事になるだろうが、最初のうちは、CMMが複数の仕事を兼務することが多いから、これもそのひとつになる。

3　**話を引き出すのがうまい**　これも**大きい**。きちんとした企業や組織には各分野の専門家が多いが、たいてい、文章を書くのが苦手だから、優れたコンテンツマーケッター向きではない。成功させるにはインソーシングが不可欠だから、優れたCMMなら、こうした専門家（それにベンダー）にじっくり話を聞き、適切な質問をすることで、読み手に教える・役立つ・情報提供するコンテンツを引き出す方法を心得ている。

しかも、消費者や買い手の立場に立った質問ができる。これは、買い手と企業との心のこもったやりとり・理解・信頼関係、つまり「理解されている」と感じてもらうために必要不可欠だ。

4　**ソーシャルメディアを拒まず「理解している」**　言うまでもなく、ソーシャルメディアは（なんらかのかたちで）生活の一部となっている。したがって、「ソーシャルメディアは好きじゃない」と考えている人は、ＣＭＭにふさわしいとは言えない。それどころか、向いていない証拠だ。この場合のソーシャルメディアは、すべての企業が焦点を当てるべきものではないとしても、少なくともその可能性は受け入れるべきだ。

5　動画を編集できる　動画の重要性は高まる一方だ。実際、当セールスライオンのクライアント企業を見ても、社内の人材、特に営業部門の人材を活用して相当数のコンテンツを制作する際、動画が文章よりはるかに重要視される場合が多い。

企業規模によらず、フルタイムの映像カメラマンを雇い、企業プロモーションビデオを制作できれば理想的だ。それまでは、ＣＭＭに兼務してもらわなければならない。いまどき、動画の撮影・制作・編集くらい難なくできる人は多い。

6　好人物である　クリスタ・コトローラとブロックイメージングの驚異的な成功事例を覚えているだろうか。同社のブランド力と収益を爆発的にアップさせたクリスタの手腕はもちろん、さまざまな理由があるが、クリスタが好人物であることも大きな要因のひとつ。社内の人気者なのだ。相手を喜ばせ、相手から尊敬されているからこそ、コンテンツマーケティングにすぐ協力してもらえる。
はっきり言って、人に好かれないタイプは、とんでもないCMMになる。

7　**人の動かし方を心得ている**　社内の人材をコンテンツ源として活用する際、相手をやる気にさせ、奮起させられることが重要になる。優れたCMMは、社員が必要とする後押しをし、マーケティング・営業の目標に貢献してもらえるよう仕向ける方法をよく心得ている。

8　**目標に向かって、てきぱきと仕事をこなす**　規模に関わらず、企業なら特に、コンテンツマーケティングはてきぱきとおこなう必要がある。主な編集物のスケジュールに始まり、ニュースレター、研修、聞き取りなどもある。こうしたすべてに、きちんとした段取り、計画、準備が求められる。

9　**アナリティクス、数字、測定が好き**　ここ数年にわたり、コンテンツマーケティングに関連して、実に多くのCEOやマーケティング担当者と仕事をしているなかで、あるひとつの傾向をずっと目にしている。
数字をよく見ている人のほうが、はるかに大きな成果をあげているのだ。

これが、グーグルアナリティクスだけでなく、ゆくゆくはハブスポットやインフュージョンソフトといったほかのツールも使いこなせるようになる必要がある理由だ。

10 **発想が常に型破り** コンテンツマーケティングのすばらしい成功例をとくと観察すれば、独創性やユニークな発想が毎回学べるはず。実は、絶好調企業は、次にすべきことを説明してくれるルールや指針を探し求めたりしていない。

そうではなく、**とにかく実行してしまうのだ。**創造性を本気で発揮することが成功のきっかけになる場合が多い。

経験豊富なジャーナリストがコンテンツマーケティングのニーズに最適な理由

以上の10の資質を見れば、ジャーナリズム業界がコンテンツマーケティングで大成功を収めている理由が明らかだ。実際、当セールスライオンがクライアントの依頼で採用してきたCMMは、ほとんどがこの業界からだ。その大部分は、大学でジャーナリズムを専攻した新卒の求職者で、このニーズにかなり手頃な給与で応えるのにぴったりだ。もちろん、「マーケッター思考」を身につけ、「訊かれたことに答える」考え方を受け入れてもらうための訓練は必要だろうが、優秀な人材であれば、この仕事をきちんとこなせるのは間違いない。

こうした人材が（新聞業界が死に体なので）いくらでもいるのに、コンテンツマーケティングの専任を雇って会社・ブランド・利益に即、成果を出そうとしないなんて、どんな言い訳も通用しない。

断っておくが、フルタイムのコンテンツマネジャーを雇う余裕がどの企業にもあるわけではないことは、重々承知のうえで言っている。リバー・プール＆スパで「訊かれたことに答える」を２００９年に採り入れたときのわたしが、まさにそうだった。だからこそ、自宅の食卓でのコンテンツづくりをほぼ毎晩欠かさず、夜10時から1時まで、２年間実行したのだ。

わたしの場合は、ほかに方法がなかったからだ。でも、いまある知識や、見聞きしてきた経験から、選択肢があるなら、最初から適任者を雇ってこのポジションに就かせたほうがいい。

最後に、採用プロセスでは、具体的にどんなテストで適任者を絞り込んでいるのか、と思われているかもしれない。

当セールスライオンはこの点でもまた、かなりの経験を積んできている。非常に効果的な方法を見つけているし、細心の注意を払うべき点もいくつかある。

自社やブランドにふさわしい人物を見分ける方法

ぜひとも強調しておきたいのは、自社の価値観の上位5つをそのまま体現しているような人物を探すことだ。ブランドの「代弁者」として文章を書いてもらうわけだから、自然体でブランドの個性と完全に一致していないと困る。

審査・採用のプロセスでは、有力候補者に次の作業をしてもらうといい。

■ かなりひどい原稿を適切な記事に書き直してもらう。
■ 記事1本分のあらましだけを伝え、そこから2本の記事に仕上げてもらう。
■ ブログタイトルのリストを渡し、記事を書くには、どういうことを専門家に質問すればいいかを書き出してもらう。
■ 動画あるいはブログ記事の主要テーマとなる「質問」をひとつ与える。立場を逆にし、相手に質問させて、詳しい回答をもれなく得るようにさせる（録画あるいはメモをとらせる）。終わったら時間（24～48時間程度）を与えて、その質問に答えるブログ記事（または動画）に仕上げてきてもらう。

お察しのとおり、この最後の作業は非常に効果がある。話をうまく聞き出す、即座に考える、適切な質問をする、締め切りを守る、しっかりしたコンテンツを制作するなど、候補者の能力をさまざまな面で試すことになるからだ。

面接には複数の人間であたることもおすすめしたい。みんなとうまくやっていける好人物かどうかを見極めるためだ。

最後に、候補者の関心事もメモしておこう。日頃から好きで文章を書いているか、動画制作にはまっているか、ソーシャルメディアをよく利用しているか、なにかクリエイティブな趣味があるか、自分でなにかを創造して広げていくタイプか。

マーケティングのツールや戦略は教えれば済む。人に対しても、文章を書くことに対しても、価値・好奇心・天性の情熱があることこそ、そのすべてを集結させて最終的に優れた手腕を発揮するのに不可欠だ。

第37章 ツールの重要性
——費用対効果の測定、ハブスポットの威力、その他

本書のいたるところで証明してきたように、「訊かれたことに答える」はビジネス哲学だ。話をよく聞いて、教え、相手が抱えている問題の解決にこだわるような、営業およびマーケティング手法に向かうようにする。

この考え方をうまく機能させるには、すべきことがいくつかある。

- ■全員が賛同している。
- ■部門間で協力している。
- ■この根底にある考え方を全員が理解している。
- ■中身重視の優れたコンテンツ（文章、音声、動画など）を制作する。

このすべてを実行したうえで、企業として次の問いに答える必要がある。

それが利益につながったのか。

必要な時間・人材・費用を投じ、コンテンツマーケティングと「訊かれたことに答える」を機能させようとするからには、その費用対効果（ＲＯＩ）を常に把握していることが不可欠だ。気づいていない人がいるといけないので、あえて言っておくと、費用対効果を示すことは、本書のテーマや紹介事例の主要部分だ。

リバー・プール＆スパのブログ記事「ファイバーグラス製プールはいくらするのか」が３００万ドル超の売上につながったのも、ブロックイメージングの「売上が２０００万ドルアップした」というクリスタのことばも、本書のテーマの主要部分だし、また、そうであるべきなのだ。なんといっても、ビジネスである以上、**稼がなければならない。**

そして、利益をあげなければならない。

この「訊かれたことに答える」考え方はすばらしいものだが、会社の売上アップにきちんとつながらなければ、本書の価格の価値はない。

だから、デジタル時代のマーケティング・営業には、各種ツールがかなり重要になるのだ。

倒産寸前のプール屋として苦戦していた２００９年初め、わたしはかなり時間を割き、デジタルマーケティング、コンテンツマーケティング、ブログといったものが、利益にいかに重要となりうるかについて、いろいろと読み漁った。この時期、役立ったウェブサイトはいろいろあったが、何度も繰り返し訪れたサイトは、「マーケティングオートメーション」ソフトウエアで起業してまもないハブスポットだった。

ここでいろいろ学ぶようになってから、同社がマーケティング分野でその名を知られるようになったきっかけは、同社の共同設立者、ブライアン・ハリガンとダーメッシュ・シャアが設立以来唱えている「インバウンドマーケティング」ということばだ。

２００９年にこのふたりが説明してくれたところによると、「インバウンド」マーケティングとは、従来の「アウトバウンド」マーケティングとは基本的に対極にあるものだ。ネットで（情報を通じて）消費者に価値提供し、相手のほうから接触してくるよう（インバウンド）導く。これは、テレビ・ラジオ・新聞雑誌広告などで、不要なコンテンツ攻勢をかける従来のやり方とは異なる。その狙いがわたしには明らかで、やるべきことだったからこそ、「訊かれたことに答える」でいくことにしたのだ。

インバウンドマーケティングをうまく機能させるにあたり、ハブスポットから学んだことが非常に多かったため、わたしは同社を信頼するようになった。したがって、同社のソフトウエアを活用して成果測定をおこない、インバウンド活動の拡大につなげよう、と考えたのも、当然のなりゆきだった。

そんなわけで、利用料金を払うお金もないのに、ハブスポットにユーザ登録したのが、２００９年３月のことだった。

以来、ハブスポットが、リバー・プール＆スパ、そしてセールスライオンのクライアントにもたらしている影響には、すばらしいものがある。なかでも、わたしたちが経験してきた４つの主な利点をこれから説明していこう。これは、オンラインの可能性を本気で開花させたいなら、どの企業も検討すべきだ。

1　費用対効果が測定可能
2　リードの行動が追跡可能
3　ＳＥＯが追跡可能
4　自社ウェブサイトのテストが可能

1　デジタルマーケティング活動の費用対効果を常に測定できる

これは非常に重要だ。すでに説明したように、コンテンツマーケティングと「訊かれたことに答える」を採用し、うまくいくよう、時間・手間・費用などをかけるつもりなら、その見返りがなければならない。「見返り」と言っても、ウェブサイトの訪問者数やリード数の話だけではない。売上や利益の話だ。

ハブスポットのようなツールを活用することで、自社サイトのなんらかのフォーム（問い合わせやeブックのダウンロード用フォームなど）に記入している人がいたら、その人（実際にはその人のIPアドレス）の「追跡」が可能になる。この追跡機能で、費用対効果の測定につながる主要データが確認できる。たとえば、自社サイトで最初にアクセスされたのはどのページで、そもそもどうやってアクセスしたのか、といったことがわかるわけだ。

最初にアクセスされたページを知ることは非常に重要だ。グーグルなどの検索エンジンを利用してそのページにアクセスし、やがて顧客になった場合、その人が最初にアクセスしたページにまでさかのぼって追跡できるから、その人からの売上や利益は、まさにそのページのおかげだったことがわかる。

こういうわけで、第11章で説明したように、「ファイバーグラス製プールはいくらするのか」という1本のブログ記事が300万ドル超の売上につながった、とはっきり言えるわけだ。ほかの事例もすべてこれと同じ理由で、実際の売上高を費用対効果として示すことができる。

最初にアクセスされたページのほかにも、費用対効果の測定に欠かせない要素は、どのサイトから（あるいは手段で）自社サイトを訪れたのか、というデータだ。

たとえば、多くの企業はいま、グーグルアドワーズなどのクリック課金（PPC）広告サービスを利用し、自社ウェブサイトへのトラフィックを獲得しようとしている。企業と話をしていて、クリック課金広告サービスを利用している、と聞かされると、わたしはまずこう尋ねている。「それで去年はいくら儲かりましたか?」

残念ながら、こんな重要な質問に答えられない企業が多いのも、結局は、適切なツールを活用していないからだ。

一例をあげよう。リバー・プール&スパは、サイトに年間200万人ほどのオーガニック訪問者を呼び込んでいるが、それでもなお、クリック課金広告を続けている。その結果は次のとおり。

2015年、クリック課金広告に1万2000ドル投資した結果、サイト訪問者1万1657人、リード437人、商談33人で、契約してもらえたのが7人。この7人の購入者から35万7000ドルの売上があり、純利益が10万ドル弱あった。

つまり、クリック課金広告を実施する意味がうちにはあるわけだ。でも、ハブスポットのようなツールを活用していなければ、こうしたデータも入手できないわけだから、当てずっぽうでマーケティング費用の配分をまちがっていたかもしれない。

セールスライオンでさまざまなクライアントと仕事をしてきたなかで、もう何度も目にしてきていることだが、クリック課金広告を実施する意味がある、と考えていても売上減になっていた企業もあれば、儲けにはつながらないと考えて、売上の大きな機会を逃していた企業もある。とはいえ、クリック課金広告は、いろいろあるなかの一例にすぎない。同じようなことがソーシャルメディアにも言えるだろう。その有効性は、デジタル時代の営業・マーケティング分野においてたえず議論されているが、「フェイスブックのおかげで当社の昨年の純利益はX百万ドルだった」ときっちり言えるところはほとんどない。

コンテンツ、ソーシャルメディア、クリック課金広告といった「すべてをうまく」おこなえる企業などないし、それは規模の大小にも関係ない。だからこそ、本当に売上につながっているものを調べて測定し、そのデータを活用することで、売上に一番つながっているものにもっと手間や労力を集中させ、効果がないものに手間をかけないようにする必要があるのだ。

2 リードの行動を追跡し、その詳細データを営業プロセス全体で活用できる

ハブスポットなどのツールを活用する主な利点は、費用対効果の測定だけではない。リード

の詳細データもそうだ。「リードの詳細データ」とは要するに、その人が閲覧したページ、サイト訪問回数、ページごとの滞在時間などがわかるということ。

営業担当者はたいてい、電話などでリードと初回コンタクトをとる際、「なにもわからない状態」で話をしている。つまり、相手がどういう人間で、どんなニーズや問題を抱えているのかが、ほとんどわかっていないのだ。一方、リードの詳細データがあれば、相手が訪れたサイトのページや視聴した動画がすべて把握できるし、サイト訪問するたびに気づくことができる。もっと調べれば、そうした閲覧ページのデータから、相手が何に関心があり、何に関心がないかもわかる。

たとえば、リバー・プール&スパの場合、「プール設置の資金調達方法」というブログ記事のページを一度訪れたことがある人なら、プールを設置するためにローンを組もうと考えているのかもしれない、とわかる。同じページを2度訪れているなら、ローンが必要になることはまず間違いない。

そうとわかれば、相手がローンを組めるよう、あらかじめ準備したうえで、相手の家へ商談に出向くことができる。こうしたちょっとしたことで、成約率がぐんとアップするのだ。

覚えておいてほしいのは、どのリードにもそれぞれの事情がある、ということ。そうした事情は、相手がこちらのコンテンツと関わる際におのずとわかってくる。相手にとって本当に大事なことと、そうでないことがこちらに伝わるのだ。
ベテラン営業ならだれでも、こうした情報や詳しいデータがとても役立つはずだ。

3　SEOを追跡できる

SEO（検索エンジン最適化）はもう終わっている、と言う人がデジタルマーケティング業界にいるのは残念なことだ。グーグル（その他の検索エンジン）をだれも使わなくなる日が来るまでは、事実誤認もはなはだしいし、はっきり言って無責任な発言だ。セールスライオンのクライアントはいずれも、トラフィック、リード、売上の獲得能力にSEOが大きな影響を及ぼしている。もちろん、業界や場合によっては、ソーシャルメディアやほかのアプリのほうが、SEOより大きな影響を買い手に及ぼしているかもしれない。でも全体で見れば、検索エンジンを通じた消費者調査が、どんな企業においても成功の主な要因になることが、この先数年は変わらないだろう。

したがって、グーグルから見た自社の位置づけを認識している必要がある。その分野で買い手が検索している主なワード（特に5大テーマ）を把握しているべきだし、そうしたキーワードで検索されたときに、まっさきに自社が表示されるよう努めるべきだ。

これまで説明してきたように、こうした検索ワードで上位表示されるようにする際、「訊かれたことに答える」がカギとなる。それだけでなく、検索ワードごとに、どのあたりに表示されているか、キーワードランキングが上昇中か下降中かを、すばやく知るためのツールも必要となる。

ハブスポットなどのツールや、ほかのキーワードツールを使えば、それが可能なのだ。わかりやすい実例として、リバー・プール＆スパでは最近、異なることばの組み合わせ（「ファイバーグラス製プール」「埋め込み式プールのコスト」など）を８００以上ハブスポットで調べてみたところ、そのうち６００以上が、グーグル検索で上位３位に表示されている。あなたがいますぐここで、ファイバーグラス製プールに関して知りたいことをグーグル検索すれば、それに答えているリバー・プール＆スパのウェブサイトが表示されるのもこのためだ。

4　自社ウェブサイトをテストできる

ハブスポットなど、高度なアナリティクスツールを活用する主な利点の最後として、自社サイトがリードをコンバージョンさせるうえで、効果的なものとそうでないものをテストできることがあげられる。

たとえば、ウェブサイトにはたいてい、「行動喚起」のことばやボタン（「ここをクリック」「いますぐダウンロード」など）があちこちにちりばめられている。にもかかわらず、こうした行動喚起をテストし、ボタンの色や使われている表現などの要素がコンバージョン率（フォームに記入してもらえる確率）にどのくらい影響しているのか、一度も確認したことがない企業がほとんどなのだ。

セールスライオンのクライアントは、ウェブサイトの文章、デザイン、行動喚起がすべて適切である場合、ほんの少し手を入れるだけで、リードのコンバージョン率が大きくアップするのを何度も経験してきている。

ウェブサイトを調べて、「特に問題なさそう」というだけの理由で、それがまるで最高レベルで機能しているように思いがちだ。

特に問題なさそうに思えるだけでは、うまくいっているわけでも、変更不要というわけでもない。そのことを、好調企業はちゃんと理解している。

自社のデジタル面をテストする習慣があれば、語句、内容、色づかい、デザインをちょっと変更することで、大きな違いにつながることを何度も経験することになる。だから、企業として配慮するのが当然なのだ。

この章は書こうと思えばいくらでも書ける。ツールやテクノロジーの変化が目まぐるしい現在はなおさらだ。この章で説明してきたことを可能にするソフトウエアは、ハブスポット以外にも、もちろんいろいろある。とにかく重要なのは、**すべて効果測定する必要がある**、ということ。そうすれば、業界のソートリーダーとなり、「訊かれたことに答える」を実行すべく取り組んでいるうちに、いずれこう言えるようになる。

「かなり努力しましたが、それによっていくら儲かったかがわかっていますから、それだけの価値が十分にあったと言えます」

第4部

ご質問にお答えします

本書のテーマはすでにすっかりおなじみの「訊かれたことに答える」だ。この考え方を、世界中で数え切れないほどの企業と話し合ってきているから、読者のあなたもきっと、まだいくつか疑問をお持ちだろうと思う。これまでに何度もそうした質問に耳を傾け、答えてきたつもりだ。この第4部では、企業からよく訊かれる質問に答えていこう。

つまり、本書から学んだことを通じて、（あなたに関心があるという前提で）あなた自身のコンテンツマーケティング活動を、本書の指針にしたがってすぐに始められるよう手助けすることが、著者としてのわたしの目標なのだ。

そのため、多くの企業が着手し始めたときに尋ねてきた具体的な質問に対し、もう少し助言が必要だと思っている。特に、次の質問に答えていくつもりだ。

1　コンテンツマーケティングがうまくいくように、どうやって時間を捻出するのか。

2　コンテンツマーケティングで（「訊かれたことに答える」に従って）成果が出るまでにどのくらいかかるのか。

3　すべては一過性のものに過ぎず、20年後には的外れなものになってしまうのではないか。

4　このプロセスに社員を巻き込み、関心を持続させるには、どうすればいいか。事業計画を企業文化に変えていくには、どうすればいいか。

5　優れたコンテンツ（文章、動画など）のおおまかな指針とは、どのようなものか。

6　ソーシャルメディアは、ここではどんな役割を果たすのか。

第38章 どうやって時間を捻出するのか

コンテンツマーケティングで成果をあげられなかった企業に共通する理由のひとつは、なんといっても、**時間だ。**

個人も、企業も、コンテンツ制作の時間の捻出に、相当苦労している。

それは理解できる。

必ずしも容易ではない。

すぐできるようになるものではないからだ。

それでも、適切におこなえば、その価値は必ずある。

とはいえ、コンテンツをもっとたくさん、よりスピーディーに、より効率よく生み出す方法は、もちろんある。本書ですでに紹介した方法もあれば、まだ紹介していない方法もある。いずれにしても、これから紹介するのは、うちのクライアントとともに何度も繰り返し実行してきて効果があるものばかりだ。

問い合わせに適切に回答しているメールはすべて、ブログ記事になりうる

平均的な企業が1日に生み出している（メールによる）コンテンツは驚くべき量になる。こうしたメールの多くは、見込客や顧客からの質問に対する回答だったり、依頼された情報の提供だったりする。なのに、それが1回きりしか使われないのは残念なことだ。「コンテンツマーケティングの悲劇」と言ってもいい。

当セールスライオンのクライアント企業は、こうした回答メール（「訊かれたことに答える」にワンステップ追加するだけで、コンテンツ制作を急増させている。そのメールをマーケティング部門の担当者にもBCCで送り、その内容（適切なら）をいつか再利用できるようにしているのだ。このようにクリックひとつで、コンテンツアイディアが絶えず生まれる状態にできるし、営業が対応している問い合わせや問題点のすべてをマーケティング部門も常に把握できるから、縦割りの弊害もなくなる。

実に効果的だから、ぜひ実行してほしい。

ひとりで声に出して話す

いまやデジタル時代だから、車を運転中に、携帯電話に向かって顧客相手のつもりで話をし、そのすべてを録音するのも簡単だ。録音した音声データを文字起こし会社に送れば、あっというまにテキストデータに変換して送り返してくれるから、ほら！　もうブログ記事が1本できた。

ビジネスオーナーには、書くより話すほうが得意な人が多いから、これは、しっかりしたコンテンツを手っ取り早く量産する効果的な方法だ。もちろん、やり方はほかにもある。コンテンツ部門の担当者なら、ソートリーダーにじっくり話を聞いて質問し、役立つコンテンツを山ほど入手することくらい、朝飯前だろう。

ブログや動画を集中的に大量制作する

コンテンツを短期間で量産しようと思うなら、ブログ・アスロンがぴったりかもしれない。社員全員をメール作業から解放し、記事や動画の制作に一斉に取り組ませれば、実現できる。

セールスライオンのクライアントで、金融業界のある企業は、50本以上のコンテンツをたった1日で制作している。そのためだけの時間をとり、集中させているのだ。

もういい加減にコンテンツマネジャーを雇おう

第36章ですでに触れたが、非常に重要なので、もう一度強調しておきたい。コンテンツマーケティングに責任を持って取り組む担当者が社内に必要であり、その担当者が、ほかの全員を巻き込むうえでカギとなるのだ。

インソーシングは効果絶大

なにかのテーマに熟知し、客となんらかのやりとりをすることがある人なら、コンテンツをいますぐに制作できるはず。そのためのプラットフォームと指針さえあれば十分だ。

各社員の得意なコミュニケーション方法を把握し、それを活かす

コンテンツマーケティングを成功させている企業は、社員によって得意なコミュニケーション方法が異なることを理解している。文書で伝えたい人もいれば、口頭で伝えるほうがいい人、動きで見せる動画がいい、という人もいるだろう。

コンテンツマーケティングをうまく実行している企業は、社員それぞれの得意なコミュニケーション方法を把握し、一番うまく情報伝達できる方法で貢献するよう、仕向けている。調査、インタビュー、執筆が得意な人もいれば、ビデオカメラを前に演じるのが得意な人もいる。どちらも苦手だけど、知識が豊富なので、インタビューされる側に向いている人もいるかもしれない。要するに、社員ひとりひとりの強みを活かせば、コンテンツ制作にかかる時間を大幅に短縮できるだけでなく、同じ費用で、もっといいコンテンツができるようになるはずだ。

ビデオカメラで「録画」してしまう

リバー・プール&スパで大成功を収めた一例は、ビジネスパートナーのジェイソンとわたしがプールの設置現場を見て回りながら、目にしたすべてを説明してみたときだ。その数時間後

には、動画が何本もできていた。その多くはいまもユーチューブで何十万回と視聴されている。言っておくが、こうした動画のほとんどは、計画的に撮ったものではない。ただ現場を見て、消費者が知りたい、尋ねたい、と思いそうなことを想像して、ビデオカメラに向かって話すようになったのだ。

これはどんな企業でも応用できるはずだし、こうすることでものすごく時間の節約になる。

大きな見返りがないものはやめてしまう

どの企業にも効率の悪いことはある。もちろん、マーケティング部門にも言えることだ。マーケティングや広告活動を、「企業はそうするものだから」という理由で実施しているところが多い。きちんとした成果が得られることが証明されているから、明確で戦略的な狙いがあるから、ではないのだ。

コンテンツマーケティング活動をうまくおこない、財務面でどれだけの成果があるかを少しでも理解すれば、事業開発やマーケティングの観点から現在おこなっていることの多くを、すぐにでもやめようと思うはずだ。

時間がないことが問題なのか、それとも本当の問題は別にあるのか

人はみな、なにかを十分に評価していないとき、最後のよりどころとして便利な口実を使う。

「時間がなくて」

本当にそういうときもあるだろう。

でも、わたしが見てきたケースの大半は、上層部が「ピンとこなかったから」であるのは明らかだ。コンテンツマーケティングも「訊かれたことに答える」も、きちんと理解できていなかったし、その潜在的な威力に気づかないから、気持ちが伴わなかった。

自分の会社が倒産寸前で、週60時間はゆうに働いていた2009年のわたしには、ウェブサイトに掲載する記事を書いたり、動画を撮影したりする時間なんてなかった。

だから、テレビを見るのをやめた。

睡眠時間を8時間から6時間に減らした。

1秒でも時間があれば、コンテンツ制作に費やした。

こうするよりほかに選択肢がなかったからだ。絶体絶命の崖っぷちに立たされ、持ちこたえるためなら、どんなことだってやろう、としただけだ。

あなたがこれと同じ状態だと言いたいのではない。ただ、本当に「時間」の問題なのか、そ

れともまったく別のことが目下の問題なのか、ぜひ自問していただきたい。

第39章 動画の重要性および「訊かれたことに答える」とどう関連するか

動画の効果は**絶大だ**。

「訊かれたことに答える」に関して言えば、さまざまな動画（それに視覚ベースのコンテンツ）は、文章ベースのものより、はるかに効果がある。

信じられない人は、インシビアの２０１６年の調査報告にある、次のすごいデータをとにかく見てほしい。

１　動画リンクをメールに入れることで、クリックスルー率が２００〜３００％と大幅アップ（フォレスター調べ）。

２　動画をランディングページに入れることで、コンバージョン率が80％アップ（アンバウンス調べ）。

3　携帯での動画視聴率は、毎年100％成長（ユーチューブ調べ）。

4　全面広告に動画を組み合わせると、エンゲージメントが22％アップ（リズム&インサイト調べ）。

5　企業幹部の70％が、仕事関連の動画を企業サイトで週最低1回は視聴。

6　企業幹部の65％が、マーケッターのウェブサイトを訪問し、39％が動画を視聴後にベンダーに電話している（フォーブス調べ）。

7　1億4700万人の米国人がネットで動画を視聴（ニールセン調べ）。

8　動画を視聴した人の64％は、ネットで購入する可能性が高い（コムスコア調べ）。

9　B2B企業の96％が、動画をなんらかの形でマーケティングに活用し、うち73％が、プラスの費用対効果があると回答（リールセオ調べ）。

10　ネット上の全活動の3分の1は、動画の視聴。

11　企業幹部の59％が、文章より動画のほうがいい、と回答（フォーブス調べ）。

12　企業幹部の50％が、製品やサービスに関する動画を視聴したあと、さらに詳細な情報を求めている（フォーブス調べ）。

13　初めて送るメールに動画リンクがあると、クリックスルー率が96％アップ（インプリックス調べ）。

14　平均的ネットユーザーは、動画のあるサイト滞在時間が88％多い（ミストメディア調べ）。

15　ホームページに動画を入れると、コンバージョン率が20％以上アップ（リールセオ調べ）。

衝撃的な数字だと思われるはずだ。

でも、本書でこれまでに説明してきた、データ、動向、事例のすべてとまったく一致している。しかも、これとまったく同じことが1年後に調査報告されるとしたら、ここに挙げた数字よりずっと大きくなるはずだ。

だからこそ、規模にかかわらずすべての企業が、いま、動画の世界に起こっていることを認めるだけでなく、ビジネスのあらゆる面に取り込むべきなのだ。

どの企業もいわばメディア企業

このデジタル時代に絶好調な企業やブランドは、どの企業もすべて、好むと好まざるにかかわらず、一種のメディア企業でもあることをよく理解している。

つまり、消費者や買い手にしてみれば、あなたやわたしが動画を「好む」かどうかはどうだっていいのだ。

わたしたちが動画を見るかどうかにも関心がない。

うちの社員が動画に登場する気があろうがなかろうが、どうだっていい。

当然、こちらが動画制作の仕方をそもそも知っているかどうかなんて、関知しない。

その一方で、質問や不安に対する回答が得られているか、どういうことに費用がかかるのか、どう機能するのか、どんな感じなのか、どう見えるのか、といったことには関心がある。

例をあげよう。本書を書いている最中のわたしは、2艇めの小型ボートを購入しようと考えている。全長31～35フィート（10メートル前後）くらいの「ウォークアラウンド」仕様（収納やひと休みできるキャビンがデッキ下にあるフィッシングボート）を検討している。

これまでにかなりの時間を割き、さまざまなメーカーとその製品ラインをいろいろ調べてきた。全部で少なくとも20社のメーカーのウェブサイトを訪れてみた。ところが、どのメーカーにも大変がっかりさせられている。

なぜか。

なかには数百万ドル規模の大手メーカーもあるのに、どのメーカーも、こちらのことをちっともわかっていないからだ。（かなり経験豊かな釣り人である）わたしが、そのボートのことを「理解した」と思えるまで確認したいことに、寄り添っていないのだ。

逆に、メーカーが見せたがっているものといえば、時速80キロで水上を進むボートや、デッキにいる笑顔の人たちのこれ見よがしの動画だ（ウェブサイトに動画があれば、の話）。

もちろん、それはそれで結構だが、わたしには、小型ボートがどんなふうに水上を進んでいくかを確認したり、家族で楽しんでいる様子を見たりする必要はない。すでに、家族とともにさんざん楽しんできているのだから、そんなことで購入意欲をかきたてられはしない。

では、何がわたしの意欲をかきたててくれるのか。

キャビンの隅から隅まで（動画で）見せてくれることだ。使われている素材、寝具のクローズアップ、バスルームのディテール、天井の仕上がり具合を見たい。

操縦室もそうだ。ノブ、ボタン、金具のひとつひとつが、より快適なボート操縦にどう機能しているかを確認したい。

わたしが調べたさまざまなメーカーのなかで、ボストンホエイラーという1社だけが、実際に「この目で確認している」ような体験をきちんと提供してくれた。だから、次に購入する小型ボートはここ（コンクエスト345モデル）に決めている。

目に触れなければ、存在しないも同然

これこそが「訊かれたことに答える」のもっとも重要な部分であり、だからこそ今後は、動画にいくら時間・リソース・手間・労力を費やしても、これで十分、ということには決してならないのだ。

現時点では、こう考えたほうがいい。

消費者にしてみれば、目に触れなければ、存在しないも同然なのだ。

どういうことか理解してもらうために、わたしが関わっている2社を検討してみよう。

リバー・プール＆スパは一種のメディア企業であり、たまたま、ファイバーグラス製プールの製造と設置をおこなっている。

セールスライオンも一種のメディア企業であり、たまたま、デジタル営業・マーケティング分野で企業やブランドのコンサルティングをおこなっている。

これがどう作用しているか、おわかりだろうか。

メディア企業だという自覚があるからこそ、どちらの会社でも、フルタイムの映像カメラマンまで雇っているわけだ。

安くはない。ただ、なにもしない、消費者が求めていることを実施しない場合のコストのほ

うが、はるかに高くつく。だから、適任者を雇い、視覚的に教育したり説明したりする企業文化を作るほうが、結局は安くつく。それがまさに両社で実行していることなのだ。

さらに、公開する動画はすべて、ハリウッド映画ばりに完璧でなければならない、と考えている多くの企業と違い、うちでは、高品質のすばらしい動画を制作するときもあれば、簡単な内容を大急ぎで制作するときもある。目標は、一種のメディア企業となってビジュアルコンテンツを制作する間、ひたすら改善を重ねていくことだけにあり、まさにそれを実行しているわけだ。

それでもなお、動画を活用して消費者の信頼とビジネスを獲得するうえで、自分たちはまだ初歩段階にいることも認識している。ＶＲ（仮想現実）体験によって、いまの動画が時代遅れのテクノロジーに思える日もやって来る。

まったく新たなテクノロジーを学ばなければならなくなる不安は、もちろんある。ただ、消費者にはそんなことお構いなし、になる日がやはり来ることもわかっている。ＶＲ体験を期待している消費者は、それが提供されなければ去っていくだろう。

わたしたちは、それに備えるつもりだ。

あなたの会社もそうされることを願っている。

証拠を示す

B2BでもB2Cでも、こだわらなければならないところは同じはずだ。

■自社のストーリーを単に伝えるだけでなく、その証拠を示す必要がある。
■従業員やその専門知識について書くだけでなく、実際に示す必要がある。
■企業文化を説明するだけでなく、実際に見せる必要がある。
■何を、いつ、どこで、どのように、なぜ、を明確に示す必要がある。
■そうすれば、その分野の専門家と見なしてもらえるようになる。
■信頼される、代表的存在になれる。

これが、動画と「訊かれたことに答える」の本質なのだ。

第40章 成果が出るまでにどのくらいかかるのか

「では、会社としてコンテンツマーケティングを採用し、『訊かれたことに答える』を説明されたとおりにきちんと実行したとして、どうすれば成果が出てきたとわかりますか？　そうなるまでにどのくらい時間がかかりますか？」

この質問がおそらく、このビジネス哲学の採用を検討している企業が一番よく尋ねてくるものだろう。

もっともな質問だ。相手の言うことに耳を傾け、教える企業文化をつくり、その文化に基づいて行動するのは、容易なことではない。時間、ツール、リソース、専念が必要だ。

もちろん、適切に実行すれば、そうする価値は大いにある。

コンテンツマーケティングを「適切に」実行する

これから説明する指針は、もちろん、企業や業界によってかなり大きく異なる場合がある。また、コンテンツマーケティングを「適切に」、つまり、本書で説明したとおりに実行することが絶対条件となる。特に、企業として、次のことが前提となる。

1　新たなコンテンツを、少なくとも毎週2、3本は必ず制作している（動画や記事など）。
2　「訊かれたことに答える」考え方に従っている（購入に際してよく尋ねられる、コスト、問題点、比較、評価などの質問にきちんと答えている）。
3　会社全体で関わっている。経営陣から営業部門、マーケティング部門にいたるまで、全員が関わり、企業理念（「訊かれたことに答える」の自社の考え方を書き記したもの）が確立されている。

コンテンツマーケティングを成功させるための5段階

以上3点をきちんと実行した場合、現実的な5段階と、3年という期間の成功尺度は次のようになる。

1　コンテンツの公開と、営業チームの巻き込み。
2　検索者や検索エンジンによる認知。
3　ついにリード獲得。
4　売上および利益獲得。
5　さらなる加速化。

第1段階「開始から1～3カ月で、コンテンツを公開し、営業チームを巻き込む」

制作および編集スケジュールを地道に継続することなく、コンテンツマーケティングですばらしい成果が達成できることはめったにない。理由はどうあれ、これが大きなハードルとなり、どうしても克服できなかった企業は多い。一方、うまく継続させている企業は、社員をコンテンツ制作の責任者（コンテンツマネジャー）とし、ほかの部門（営業、管理など）の社員を巻き込み、売上もコンテンツ「マシーン」もうまく機能させ始めている。このプロセスはすぐには実現しない。開始から1～3カ月かかる、と考えるのが現実的だ。

肝に銘じてほしいのは、この最初の3カ月で成果が現れるはずだし、また、そうなるべきだ。たとえば、5大テーマに関するコンテンツを制作していれば、営業担当者がよく訊かれる質問に明確に答えているはずだから、コンテンツができたらすぐ、営業プロセスに組み込むべきだ。制作したコンテンツはひとつ残らず、営業にツールとして活用してもらうことをお忘れなく。

第2段階「開始から2~5カ月で、検索者や検索エンジンに気づいてもらえる」

企業ウェブサイトの多くが、少なくともコンテンツマーケティングを採り入れる前は、動きがあまりない（いつ見ても同じ情報で、ほとんど変化がない）。だから、検索者（消費者）からも検索エンジンからも見向きもされない。しかも、まだ新しい（できてまもない）ウェブサイトならなおさら、キーワードランキングの観点から、検索エンジンに気づいてもらいにくい。

一方、コンテンツ制作に本気で力を注いでいることを示し、スケジュールに従って継続的にアップしていれば、ネット利用者だけでなく、検索エンジンからも、存在を認めてもらえるようになる。

これは何を意味するのか。たとえば、ウェブサイトのSEOが向上する（キーワードフレーズでより上位に表示される）、グーグル検索で表示されやすくなる、コンテンツが成果につながるまでの時間が短縮される、なども一例。もちろん、こうなるまでに、たいてい2～3カ月はかかるが、そうなればそこから、トラフィック、リード、売上がその後長期にわたって絶えずアップするようになる。

注。こちらのコンテンツを検索エンジンに認めさせる手腕に影響する主な要因は、あなたのニッチ、あるいは業界が、すでにどの程度飽和状態にあるかによる。どの企業もみんなコンテンツを制作しているような業界（デジタルマーケティング業界など）では、検索エンジンで上位に表示されるのは容易ではない。それよりはるかにコンテンツ制作が少ない業界なら、ライバルが少ない分、早めの成果が予想できる。

とはいえ、コンテンツの飽和度に関係なく、いずれにしても、その分野でもっとも信頼される、透明性の高いソートリーダーとなるよう務めるべきだ。そうでなければ、すばらしいウェブサイトで成果をあげることはできない。

第3段階「開始から3～6カ月で、ついにリードを獲得」

トラフィックが実際に上向きだしたら、次はリードだ。そして、コンテンツマーケティングの全目的は、客とやりとりして信頼構築することに加えて、リードを増やし、最終的に売上を獲得することにある。

効果的なコンテンツマーケティングは、サイトにブログ記事や動画があるだけでなく、行動喚起やプレミアムコンテンツ（eブックやレポートなど）といった要素も必ずある。

また、リードが入るようになってきたら、その流入元を必ず調べること。特に、リードと、自社サイト訪問につながったコンテンツを常に調べよう。そのリードがいずれ購入してくれたら、最初のきっかけとなったコンテンツは把握できているから、その具体的な記事、動画、ツイートなどのおかげだとわかる。こうした追跡が可能であることは、コンテンツマーケティングを成功させ、社内の同意を長期にわたって得るために不可欠であることは、おわかりいただけると思う。また、時間・リソース・目配りを、どこにどのくらい振り分けるべきかもわかる。

第4段階「開始から4〜18カ月で、売上および利益の獲得」

ついにそのときがやって来た。実際の売上を、コンテンツマーケティング活動に結びつけることができた。この取引、そしてその後すべての取引は、コンテンツマーケティングを長期にわたって成功させ、企業文化にしていくうえで、非常に重要になる。

コンテンツマーケティングの取り組みから売上に至るまでのスピードは、営業サイクルやほかのさまざまな要因によって大きく異なるかもしれない。それでも、開始から1年以内には、売上につながるはずだ。それに、営業担当者もこの頃には、制作済みコンテンツの活用も、営業活動への取り込みも、どんどんうまくなっているはずだ。

第5段階「開始から18〜36カ月で、どんどん加速していく」

最初の1年かそこらは、コンテンツマーケティングプログラムを絶好調なものにしていくなんて、雪玉を転がしながら山を登っていくように感じられるかもしれない。はっきり言って、容易なことではない。

それでも、「訊かれたことに答える」に焦点を当て（それを今後の戦略指針とし）、常に適切なやり方で実行していれば、その雪玉もいつしか山の頂上に達し、反対斜面を転がり落ちるが早いか、弾みがついてどんどん大きくなり、想像もつかない大きさになっていくときが来る。

本書で紹介してきた事例の多くも、こうした現象が起きた例だ。

ただし、時間はかかった。社員がこのプログラムに責任を持って取り組む気になり、経営陣がこの取り組みにどれほど真剣かを社員にはっきりと示す必要があった。

業界や規模に関係なく、こうした成果はあなたの会社でも実現可能だと心から信じている。

ご推測のとおり、紹介したのはすべて、大まかな数字だ。どの企業や業界にも、言及すべき要因や不確定要素が多すぎるため、正確な数字を示すのはムリだからだ。

それでも、こうしたパラメータが、コンテンツマーケティングを実施していくときの判断基準となり、これから期待できることをより明確に描くのに役立てば、と思う。

第41章 一過性のものではないのか

「どの企業もコンテンツマーケティングをやるようになれば、10年後には話題にもならないのでは？」

こうした質問を、ここ5年におこなってきたプレゼンで、ほぼ毎回のように投げかけられている。

残念なことに、こうした質問をする人の多くは、コンテンツマーケティングが実際どういうものかを理解していない。だから、行動を起こすこともなく、ライバル企業との隔たりがさらに大きくなっている。ライバル企業は、いまの消費者に応じて、マーケティングや営業のやり方を変えようとしているのだ。

コンテンツマーケティングとは具体的に何か

「コンテンツマーケティング」を、そのもっとも基本的特徴にまで煎じ詰めたら、どのような定義になるだろうか（マーケティング用語を使わない前提で）。

■啓蒙を通じて信頼を獲得することか。
■問題解決につながるような情報を提供することか。
■消費者の質問に耳を傾け、正直に答えることか。

どう定義しようと、コンテンツマーケティングと「訊かれたことに答える」基本的信条は、**昔からずっと変わらない**。歴史が始まって以来、だれもが知っているように、優れたコミュニケーション、話を聞く、教える、透明性、こうしたすべてが信頼につながっているのだ。

それは、この先も変わらないだろう。

いまはインターネットと情報の時代だから、それに名前をつけたにすぎない。それが「コンテンツマーケティング」というわけだ。わたしがつけた名前じゃないし、20年後か30年後には、またちがう呼び方になっているかもしれない。とにかく、実用的で役立つ情報を活用し、デジタル時代の消費者の信頼を得ようとする、こうした行動を言い表すのに、現時点では確かにぴったりだ。

消費者がブランドを信頼し、最終的に購入する気になるまでの道のりは、今後どのように変わっていくだろうか。

■相手の質問に絶えず耳を傾け、答えようとすることは重要だろうか。
■問題解決に役立つことは依然として価値があり、信頼獲得につながるだろうか。
■やはり啓蒙する価値があるだろうか。

答えはもちろん、すべてイエスだ。

あなたの会社もわたしの会社も、消費者からこれまで以上にしっかり調べられるようになる。そして、たまたま目にしたウェブサイトが（将来はちがう呼び方をされているかもしれない）まさに情報の宝庫だったら、そこから動こうとしない。

こうしたことが、一過性のものだろうか？

とんでもない。大昔からずっと変わらない原則であり、近いうちになくなってしまうようなものではないのだ。

第42章 どうやって社員をコンテンツ制作に関わり続けさせるのか

この問題を克服し、可能な種類と量のコンテンツを社員が制作するよう仕向けるには、創造力を発揮することが必要だ。「さあみんな、ブログを始めるぞ」と号令をかけるだけではダメ。少なくとも、なんでもいいから作ったというレベルを超えるものを制作する企業文化を育んでいくのは、ムリだ。もっと必要なことがあるのだ。

ブロックイメージングのクリスタ・コトローラ（第34章参照）は、効果的な企業コンテンツを継続して制作していく取り組みに、多くの社員に絶えず関わってもらえる見事な企業文化を作り上げている。クリスタが同社で「訊かれたことに答える」力を継続させるべくおこなっていることや、しっかりと企業文化にしているほかのクライアント企業の独創的なやり方を、次にまとめた。

コンテンツマーケティングに関わる意欲を持続させる10の方法

1 初期のコンテンツは、ファネルの下方にいる客の質問に焦点を当て、営業に活用してもらう

コンテンツマーケティングを成功させるには、すばやく成果を出すことがきわめて重要だ。よくある失敗に、少なくともSEOや営業的観点ですぐには成果につながらない質問からとりかかってしまうことがあげられる。だからこそ、重要な5大テーマ（いくらするのか、問題点、比較・対照、レビュー、種類別ベスト）に早くから取り組むべきなのだ。ここをおさえてしまえば、そのコンテンツをきちんと整理してまとめて、eブック、手引き、動画シリーズなどに展開し、客の啓蒙、信頼獲得、成約アップといった営業力向上に役立ててもらえる。

2 協力者に賞を与えて評価し、スポットライトを当てる

協力してくれた社員が評価されるわけを社内で公表し、ほかの社員にも見習ってもらい、自

分も真似してみようと思ってもらえたら、しめたもの。（特に営業部門の）社員をロックスター並みに扱えば、ほかの社員もこの「活動」に当然参加したくなるはずだ。

3　部門を超えた成功事例を積極的に報告してもらう

社員自身の成功事例を報告してもらう場を設けよう。こうした例がほかの部門にも見られるようになれば、非常に説得力がある。エンジニアが書いたブログ記事を読んだことがきっかけで、あるリードが連絡してきて、最終的に契約につながれば、営業担当者がそのエンジニアに感謝する、など。

4　成果を報告し、重要な節目で祝う

賞や評価の仕方は自社に合わせて変更すればいいが、祝うに価する重要な節目がいくつかある。

■ブログ記事や動画で1000ビュー達成。

■リードの大量獲得。
■オーガニックトラフィックからのビュー。
■ターゲットキーワードによる検索結果1ページめ表示をついに達成。
■最近とれた契約を報告し、顧客にそう仕向けたコンテンツと関連づける。

継続的にきちんと報告して祝うには、四半期ごとに社内報を発行し、重要な節目はすべて社員全員に知らせるのもいい方法だ。

5　ともに励むチーム目標を設定する

次のような活動を考慮してはどうだろう。

■**個人目標**　ブログ記事を5本書いたら、室内履きがもらえる（それを履いてオフィスを歩き回ればみんなの目に触れるから、一種のステータスシンボルとなる）
■**全社目標**　ブログ記事200本で、全員参加型ゲームでお楽しみ
■**部門対抗**（サービス部門と生産部門で競い合うなど）

■個人戦

6　どの部門も、新規採用とオンボーディングのプロセスに「訊かれたことに答える」を組み込む

言うまでもないとはいえ、きわめて重要だ。インバウンド&コンテンツマーケティングの取り組みを始めるために、全員参加の導入研修をおこなうときは、あとから入社してくる人のために必ず録画しておこう。

7　コンテンツをシェアしやすくする

社員にコンテンツをシェアしてもらうには、シェアしやすい態勢を整えたうえで、そのやり方を伝えよう。次のような方法はどうだろうか。

■面倒くさがり屋のためのリンク　インスタントメッセンジャーで客とチャット中に、ウェブサイトへのハイパーリンクを入力する。ブラウザを立ち上げ、URLを入力し、「エン

ター」キーを押すのを億劫がる人もいるのだ。

■メール署名欄　コンテンツに注目してもらう手っ取り早い方法。新たな署名ツールがいろいろ出ているから、利用しない手はない。

■ソーシャルメディア　いつ、なぜ、どのようにコンテンツをシェアすべきかを理解してもらえれば、自社コンテンツをシェアする社員がもっと増えるはず。少し研修をおこなえば、大いに役立つはずだ。

8　超特別な方法で協力を求める

だれだって重要視されたい。したがって、「特殊任務」にすることで、コンテンツマーケティングにおける自発性を引き出しやすい。たとえば、次のように持ちかけるのはどうだろうか。

「この戦略的フレーズでは、まだ上位表示されないのです。お詳しい分野ですよね。これで検索されたらうちがすぐ表示されるよう、このテーマで記事を書いてもらえないでしょうか」

「部長、おたくの部門からは最近、コンテンツがちっとも出ていないようです。次の部門会議で取り上げて、もう少し積極的に関わってもらえるよう、発破をかけていただけませんか。知識が豊富な人ばかりですから、その知識をほかのみんなにも知ってもらう必要があるのです」

「書いていただいたすばらしいブログ記事を元に、今度は動画も作ることにしました。お話を伺うだけでなく、ぜひご登場願いたいのです。1回めの撮影会への招待状をお持ちしました」

9　人間味を忘れずに

このコンテンツが変化をもたらす相手は生身の人間であることを、社員全員に常に思い起こさせよう。それで暮らしがどう変わるのか。お願いしていることの真の「理由」は何か。

10　好奇心を持たせ続ける

優れたコンテンツマーケティングリーダーは、自社が優位に立てるよう、常に模索している。標準レベルでは決して満足せず、教えることでも、耳を傾けることでも、世界一流レベルになるべく、必要なことはなんでもする。社員に対して次のように的確な質問ができることも大きい。


「実にすばらしいコンテンツを定期的に生み出されていますね。楽々とこなしていらっしゃるように見えますが、その秘訣はなんですか？　日々の仕事にどう組み込んでいるのですか？」

「あなたのチームの8割の人が、コンテンツに協力しているのをご存じでしょうか。どうすればあなたにも参加してもらえるでしょうか。あなたの専門知識も、ぜひみんなに知ってもらいたいのです」

「チーム全員が参加しやすいものにするには、どうすればいいでしょうか。どうすれば、もっと楽しんで関われますか？」

「これがうまくいってることを、どうすれば理解していただけますか？」

優れたコンテンツと「訊かれたことに答える」肝心な点は、要するに、結果がすべてだということ。だからこそ、成果を出し、みんなに伝え、祝い、そしてもちろん、よりよい成果を出していく必要がある。ただしその際にも、相手は**生身の人間**であることを常に思い出させるような話をしよう。

ときには例を示して先導したり、相手の現場にいって協力したりしなければならない。社員がコンテンツ制作に必要な能力を高め、励まし合うよう、仕向ける必要もある。フィードバックがどんどん循環するように設定することも必要だ。この課題に喜んで取り組もう。企業文化として確立しよう。

もちろん、たやすいことではない。それでも、それだけの価値が必ずあるのだ。

第43章
新たな情報でなければ、伝えないほうがましではないのか

デジタルマーケティング分野の「専門家」の発言で、わたしがこれまで見聞きしてきたなかでも、最大の悲劇、と言えるものがある。それは、だれか（個人、企業、その他組織）が（書く、話す、動画などで）すでに言及しているなら、ほかの人が意見を加えるのは時間のムダ、しかも「新しい」ことを付け加えるのでなければなおさらムダ、という考えだ。

ほかに適当な表現が見つからないのだが、こんなことを言っている人は、人類の歴史をなにもわかっていないし、まったく的外れもいいところだ。

なにしろ、21世紀の現時点で、人が言っている内容のほとんどは、すでにほかのだれかが言っていることの繰り返しなのだから。

本書でも、ビジネスで信頼を得るには、正直、透明性、優れた教え手になることが重要だと

提言してきた。

これは新しい考え方だろうか？

とんでもない。大昔から言われていることだ。

ただし、わたし自身の例を、わたしの言葉で、わたしなりに伝えている。

そして、時間を割いて本書を書き、伝えようとしていることで、双方のためになっている。

まず、読者の多くが本書をきっかけに、ついに行動に移すようになるかもしれない。常に相手に耳を傾ける、問題を解決する、その分野の教え手になることで、さらなる信頼、そして最終的には新たな取引につながるようになる。

取引が増えれば売上も増えるから、増員も、財務面の安泰も可能になる。

こう書くと、大げさな、と思われるかもしれないが、そうではない。こうした成果を何度となく目にしてきているのだ。「訊かれたことに答える」重要性について話してきて、もう5年もう5年以上になる。ブログにも書いているし、動画にもしているし、世界中で講演もしてきている。

個人や企業がこの考え方を採用したときに起こりうることを、この目でたくさん見てきているのだ。多くの人が、その後わたしに連絡をしてきて、個人的にも、仕事の上でも、その効果がいかに大きいか、感動的な話をしてくれる。

このことで恩恵を得るもう一方は、ほかならぬこのわたしだ。

本書を書くことで、学んできたことの一切をことばにしなければならない。さらに詳しく調べ、もっとよく考え、自分の考えや経験をもっとはっきりと述べることに挑戦し続ける日々だ。おかげで、このテーマについて、当初のわたし以上にうまく伝えられる本に仕上げられそうだ。

要するに、そこなのだ。何度も「言われている」ことであっても、コンテンツを制作することによって、人として、社員として、営業マンとして、そしてコミュニケーターとして、能力をアップできる。

そういうことなのだ。

しかも、もう何千年もそうなのだ。

この件に関するわたしの考えを言い終える前に、古今もっともよく読まれている本のことをちょっと考えてみよう。それは、聖書だ。

新約聖書の、マタイ、マルコ、ルカ、ヨハネによる各福音書を読んだことがある人なら、これがいずれも非常によく似た内容であることをご存じのはず。実際、この四福音書には繰り返しがかなり多い。

もしもルカが「このことはすでにマタイが話したから、わたしがもう一度言うのは時間のムダだと思う」と言っていたら、どうなっていただろうか。

歴史はすっかり変わってしまっていただろう。

福音書についてどう思われるかは別として、わたしの言いたいことはおわかりいただけると思う。

だからこそ、個人も企業もみんなが、「あなたによる福音書」を書く必要がある、とわたしは信じている。

■見込客や顧客が知りたいのは、あなたが考えたり感じたりしていること。
■見込客や顧客が知りたいのは、あなたが信じていることと、その理由。
■あなたの側にも、しなければならないことがある。
■自分の考えをまとめる必要がある。
■自社の信条をはっきり表明する必要がある。

こうすることで、関わるすべての人によい影響を及ぼすことになる。教えることも、コミュニケーションをとることも、うまくなる。顧客が考えていることによく通じるようになる。そうすれば、信頼を得られるようになるのだ。

第44章
画期的マーケティング戦略

この7年間を振り返ると、まるで夢のようだった。

ある日のわたしは、倒産の危機にあるプール屋で、銀行からの電話が鳴り止まず、クレジットカードも利用限度枠ギリギリまで使っている。従業員は自宅待機だし、家庭をほったらかしで、夫としても父親としても失格だ。

それが、次にはもう、世界中を飛び回り、企業がその実力をフルに発揮できるよう、何十万人もの聴衆を前に講演して手助けしているのだから、信じられない。まさに驚きだ。なによりも、夫、そして父親としての務めをきちんと果たしている。信じられないかもしれないが、プール屋としてあがいていたときとくらべれば、はるかに多くの時間を家族と過ごしている。

つまり、家族みんなが幸せで、ありがたいことだと思う。

リバー・プール&スパの話がいろいろな意味で、デジタルマーケティング分野でこれほど知

図44.1　ニューヨーク・タイムズ記事

られるようになったのは、２０１３年のある非常に幸運なできごとがきっかけだった。

　わたしは、テキサス州ダラスで開催されていたあるカンファレンスで講演していた。講演後、ひとりの記者がやって来て、記事にさせてもらえないかと言う。リバー・プール&スパを救うことができたのが、耳を傾ける、教える、透明性、といったごく単純な戦略だったあたりを詳しく書きたいらしい。

　正直言って、この記者の言っていることをそのときは適当に聞き流していたのだが、その数日後、電話で１時間半も話をしてからは、考えが変わった。

それからまた数日後、この記者がうちの会社にカメラマンを送り込んできた。

わたしの人生が大きく変わったのは、このあとに起こったことだ。

カメラマンがリバー・プール&スパに現れた4日後、「ニューヨーク・タイムズ」の中小企業欄トップに記事が掲載されたのだ（図44・1）。

この記事をよく見ると、なんとも言えない皮肉に気づかれると思う。

記事タイトルが、「A Revolutionary Marketing Strategy: Answer Customers' Questions（客からの質問に答える、**画期的な**マーケティング戦略）」となっている。

いったい、客の質問に答えることに「画期的」と言える部分が少しでもあるだろうか。

理論的には、ない。

でも実際には？　もちろん、大ありだ。

この記事は、同紙の中小企業欄でその後3日間にわたり、1番多くシェアされたりメールされたりした。その週の土曜日のブログ記事にも再掲載までされた。

反響があったのは確かだ。

いいや、それどころか、反響のあまりの大きさに驚いてしまった。その後の数カ月間、世界中のビジネスオーナーやマーケッターから、1000通を超えるメールが届いたのだ。

そうしたメールのほぼいずれも、書かれていたコメントは次の2とおりに分かれるから面白い。

まず、こんなコメントが多かった。

「あなたがプール会社で実行したことは実にシンプルですね。そんなシンプルなやり方でいいなんて、信じられません！」

確かに、やったことはシンプルだった。

でも、シンプルはいいことだ。シンプルだからこそ、リバー・プール＆スパで実行したことを、あなたの会社も含めて、だれでも応用できる。あとは、絶えず耳を傾け、教え、問題を解決し、正直に伝えることにしっかり心を配ればいい。

もうひとつのコメントはこうだ。

「これでようやく、当社でやるべきだとずっと思ってきたことを、実行するゴーサインをもらったような気がします」

これこそ、わたしにとって、核心を突くコメントだ。

本書をここまで読んできた人なら、うちもこうするべきだとずっと前から考えていた、と思われたことが、きっと何度もあったにちがいない。

というわけで、もうずっと感じてこられたその思いに従って、ぜひ行動していただきたい。

なんといっても、理由があるからそう感じているのだから。

■世界一の教え手になろう。
■寝ても覚めても相手の質問のことを考えよう。
■とことん正直に答えよう。
■そして信頼を勝ち得よう。

Profile
プロフィール

●著者プロフィール

マーカス・シェリダン (Marcus Sheridan)

セールスライオン創業社長。同社は、インバウンドマーケティングおよびコンテンツマーケティングを得意とするコーチング&コンサルタント企業で、ハブスポットのプラチナパートナーでもある。マーカスはスピーカーとしても受賞歴があり、ニューヨーク・タイムズから「ウェブマーケティングのグル」と評されている。

●日本語版監修者プロフィール

神田昌典 (かんだ・まさのり)

経営コンサルタント・作家。株式会社ALMACREATIONS代表取締役。

一般社団法人Read For Action協会代表理事。上智大学外国語学部卒。ニューヨーク大学経済学修士(MA)、ペンシルバニア大学ウォートンスクール経営学修士(MBA)取得。大学3年次に外交官試験合格、4年次より外務省経済部に勤務。その後、米国家電メーカー日本代表を経て経営コンサルタントとして独立。ビジネス分野のみならず、教育界でも精力的な活動を行っている。

主な著書に『ストーリー思考』(ダイヤモンド社)、『成功者の告白』(講談社)、『非常識な成功法則』(フォレスト出版)、『なぜ春はこない?』(來夢氏との共著、実業之日本社)、翻訳書に『伝説のコピーライティング実践バイブル』(ダイヤモンド社)、『おもてなし幻想』『成約のコード』『隠れたキーマンを探せ!』『成功しなきゃ、おかしい』(実業之日本社)など多数。

●訳者プロフィール

齋藤慎子 (さいとう・のりこ)

同志社大学文学部英文学科卒業。広告業界で主に海外向け販促物の企画制作と他国語編集に従事。その後、オーストラリア、スペインで企業内翻訳などを経て、現在は英語とスペイン語の翻訳に携わる。スペイン在住。『究極のセールスレター』(ダン・ケネディ著、神田昌典監訳、東洋経済新報社)、『ザ・コピーライティング』(ジョン・ケープルズ著、神田昌典監訳、依田卓巳共訳、ダイヤモンド社)、『コトラーの「予測不能時代」のマネジメント』(フィリップ・コトラー、ジョン・A・キャスリオーネ共著、東洋経済新報社)、『ザ・マーケティング』(ボブ・ストーン他著、神田昌典監訳、ダイヤモンド社)、『成約のコード』(クリス・スミス著、実業之日本社)ほか、訳書多数。

世界一シンプルな増客マシーンの作り方

普段のシゴトをしているだけで勝手に顧客がやってくる!

2020年11月10日　初版第1刷発行

著　者　マーカス・シェリダン
日本語版監修者　神田《かんだ》昌典《まさのり》
訳　者　齋藤《さいとう》慎子《のりこ》
発行者　岩野裕一
発行所　株式会社実業之日本社
〒107-0062
東京都港区南青山5-4-30
CoSTUME NATIONAL Aoyama Complex 2F
電話03-6809-0452(編集部)
03-6809-0495(販売部)
URL https://www.j-n.co.jp/

印刷・製本　大日本印刷株式会社

ブックデザイン DTP組版　清原一隆(KIYO DESIGN)
校　閲　くすのき舎
編　集　金山哲也(実業之日本社)

ISBN978-4-408-33798-2(編集本部)